教育部　财政部中等职业学校教师素质提高计划成果
金融事务专业师资培训包开发项目(LBZD058)

金融事务专业教师教学能力标准、培训方案和培训质量评价指标体系

Jinrong Shiwu Zhuanye Jiaoshi Jiaoxue Nengli Biaozhun、Peixun Fang'an He Peixun Zhiliang Pingjia Zhibiao Tixi

教育部　财政部　组编
朱孟楠　主编
喻海燕　杜朝运　执行主编

中国财政经济出版社

图书在版编目（CIP）数据

金融事务专业教师教学能力标准、培训方案和培训质量评价指标体系/朱孟楠主编．—北京：中国财政经济出版社，2011.10

教育部、财政部中等职业学校教师素质提高计划成果　金融事务专业师资培训包开发项目．LBZD058

ISBN 978－7－5095－3124－2

Ⅰ.①金…　Ⅱ.①朱…　Ⅲ.①金融学－中等专业学校－师资培训－教学参考资料　Ⅳ.①F830

中国版本图书馆 CIP 数据核字（2011）第 188223 号

责任编辑：付克华　　　　责任校对：胡永立

封面设计：陈　瑶　　　　版式设计：董生萍

内容提要

本书是教育部和财政部“中等职业学校教师素质提高计划”中“金融事务专业师资培训包开发项目（LBZD058）”的成果之一，汇编了教师教学能力标准、教师培训方案和教师培训质量评价指标体系三个项目成果。主要介绍了中等职业学校金融事务专业教师应具备的教育教学、专业知识及实践技能的能力标准，以教师教学能力标准为基础而制订的教师培训方案，以及从教师教学能力标准出发，围绕教师培训方案、培训条件、培训管理及培训效果等制订的教师培训质量评价指标体系。

本书可用于中等职业学校金融事务专业教师上岗层级、提高层级和骨干层级的培训指导用书，也可以作为各级金融事务专业教师培训的指导与参考用书。

中国财政经济出版社出版

URL：http：//www.cfeph.cn

E－mail：cfeph @ cfeph.cn

社址：北京市海淀区阜成路甲 28 号　邮政编码：100142

营销中心电话：88190406　北京财经书店电话：64033436　84041336

北京牛山世兴印刷厂印刷　各地新华书店经销

787×1092 毫米　16 开　7.5 印张　172 000 字

2011 年 12 月第 1 版　2011 年 12 月北京第 1 次印刷

定价：19.00 元

ISBN 978-7-5095-3124-2/F·2647

（图书出现印装问题，本社负责调换）

质量投诉电话：010-88190744

教育部　财政部中等职业学校教师素质提高计划成果
系列丛书

编写委员会

主　任　鲁　昕
副主任　葛道凯　赵　路　王继平　孙光奇
成　员　郭春鸣　胡成玉　张禹钦　包华影　王继平(同济大学)
　　　　刘宏杰　王　征　王克杰　李新发

专家指导委员会

主　任　刘来泉
副主任　王宪成　石伟平
成　员　翟海魂　史国栋　周耕夫　俞启定　姜大源
　　　　邓泽民　杨铭铎　周志刚　夏金星　沈　希
　　　　徐肇杰　卢双盈　曹　晔　陈吉红　和　震
　　　　韩亚兰

教育部　财政部中等职业学校教师素质提高计划成果
系列丛书

金融事务专业师资培训包开发项目
(LBZD058)

项目牵头单位　厦门大学
项 目 负 责 人　朱孟楠

出版说明

根据2005年全国职业教育工作会议精神和《国务院关于大力发展职业教育的决定》（国发［2005］35号），教育部、财政部2006年12月印发了《关于实施中等职业学校教师素质提高计划的意见》（教职成［2006］13号），决定“十一五”期间中央财政投入5亿元用于实施中等职业学校师资队伍建设相关项目。其中，安排4 000万元，支持39个培训工作基础好、相关学科优势明显的全国重点建设职教师资培养培训基地牵头，联合有关高等学校、职业学校、行业企业，共同开发中等职业学校重点专业师资培训方案、课程和教材（以下简称“培训包项目”）。

经过四年多的努力，培训包项目取得了丰富成果。一是开发了中等职业学校70个专业的教师培训包，内容包括专业教师的教学能力标准、培训方案、专业核心课程教材、专业教学法教材和培训质量评价指标体系5方面成果。二是开发了中等职业学校校长资格培训、提高培训和高级研修3个校长培训包，内容包括校长岗位职责和能力标准、培训方案、培训教材、培训质量评价指标体系4方面成果。三是取得了7项职教师资公共基础研究成果，内容包括中等职业学校德育课教师、职业指导和心理健康教育教师培训方案、培训教材，教师培训项目体系、教师资格制度、教师培训教育类公共课程、职业教育教学法和现代教育技术、教师培训网站建设等课程教材、政策研究、制度设计和信息平台等。上述成果，共整理汇编出300多本正式出版物。

培训包项目的实施具有如下特点：一是系统设计框架。项目成果涵盖了从标准、方案到教材、评价的一整套内容，成果之间紧密衔接。同时，针对职教师资队伍建设的基础性问题，设计了专门的公共基础研究课题。二是坚持调研先行。项目承担单位进行了3 000多次调研，深度访谈2 000多次，发放问卷200多万份，调研范围覆盖了70多个行业和全国所有省（区、市），收集了大量翔实的一手数据和材料，为提高成果的科学性奠定了坚实基础。三是多方广泛参与。在39个项目牵头单位组织下，另有110多所国内外高等学校和科研机构、260多个行业企业、36个政府管理部门、277所职业院校参加了开发工作，参与研发人员2 100多人，形成了政府、学校、行业、企业和科研机构共同参与的研发模式。四是突出职教特色。项目成果打破学科体系，根据职业学校教学特点，结合产业发展实际，将行动导向、工作过程系统化、任务驱动等理念应用到项目开发中，体现了职教师资培训内容和方式方法的特殊性。五是研究实践并进。几年来，项目承担单位在职业学校进行了1 000多次成果试验。阶段性成果形成后，在中等职业学校专业骨干教师国家级培训、省级培训、企业实践等活动中先行试用，不断总结经验、修改完善，提高了项目成果的针对性、应用性。六是严格过程管理。两部成立了专家指导委员会和项目管理办公室，在项目实施过程中先后组织研讨、培训和推进会近30次，来自职业教育办学、研究和管理一线的数十位领导、专家和实践工作者对成果进行了严格把关，确保了项目开发的正确方向。

作为“十一五”期间教育部、财政部实施的中等职业学校教师素质提高计划的重要内容，培训包项目的实施及所取得的成果，对于进一步完善职业教育师资培养培训体系，推动职教师资培训工作的科学化、规范化具有基础性和开创性意义。这一系列成果，既是职教师资培养培训机构开展教师培训活动的专门教材，也是职业学校教师在职自学的重要读物，同时也将为各级职业教育管理部门加强和改进职教教师管理和培训工作提供有益借鉴。希望各级教育行政部门、职教师资培训机构和职业学校要充分利用好这些成果。

为了高质量完成项目开发任务，全体项目承担单位和项目开发人员付出了巨大努力，中等职业学校教师素质提高计划专家指导委员会、项目管理办公室及相关方面的专家和同志投入了大量心血，承担出版任务的11家出版社开展了富有成效的工作。在此，我们一并表示衷心的感谢！

编写委员会

2011年10月

前言

中职学校金融事务专业师资培训包开发项目，由厦门大学经济学院金融系组织申报，通过有关专家评选后得到了教育部、财政部专项资金资助。项目于 2007 年 11 月底开始立项，由厦门大学经济学院副院长、博士生导师朱孟楠教授担任项目课题组组长，原厦门大学经济学院金融系主任杜朝运教授（现为泉州经贸职业技术学院院长）、金融系副主任陈善昂副教授担任副组长。课题组成立后，组建了研究团队，展开了广泛的调研，在此基础上进行了为期三年的研究，并通过了项目专家组的中期和终期论证，最终保质保量地完成了以下主要研究成果：

（1）教材《金融事务专业教师教学能力标准、培训方案和培训质量评价指标体系》。本书由朱孟楠教授担任主编，厦门大学经济学院金融系副教授喻海燕博士、金融系杜朝运教授担任执行主编。喻海燕副教授负责能力标准的制定，杜朝运教授负责培训质量评价指标体系的设计，宗彩云老师负责培训方案的设计。

（2）核心教材《商业银行综合柜员业务与服务》。由朱孟楠教授担任主编，由厦门大学经济学院金融系喻海燕副教授担任执行主编。参与本教材编写的骨干教师包括：上海经济管理学校杨静讲师、王峥讲师、许罗英讲师负责项目一和项目二的撰写；厦门大学经济学院金融系喻海燕副教授负责项目三的撰写；北京商贸学校何冯虚高级讲师、王宇讲师负责项目四的撰写；上海商业会计学校李小可高级讲师负责项目五的撰写；上海商业会计学校汪正干高级讲师负责项目六的撰写；广西银行学校许棣高级讲师负责项目七的撰写。

（3）核心教材《证券代理咨询业务与服务》。由朱孟楠教授担任主编，厦门大学经济学院金融系陈善昂副教授、厦门工商旅游学校陈爱华老师担任执行主编。项目一、项目二由陈爱华老师编写，项目三由广西银行学校廖玲玲等老师编写，项目四由国泰君安证券研究所王俊辉等编写。

（4）核心教材《保险代理业务与服务》。由朱孟楠教授任主编，厦门大学经济学院金融系杜朝运教授、赵正堂副教授担任执行主编。

（5）教材《金融事务专业教学法》。本书由朱孟楠教授担任主编，由厦门工商旅游学校宗彩云高级讲师担任执行主编。各章作者分别为：北京商贸学校何冯虚高级讲师（第 1、5

章)，宗彩云高级讲师（第2、3、4、6、10章），陕西银行学校熊湘辉讲师（第7章），北京商贸学校王宇讲师（第8章），厦门工商旅游学校陈雪松高级讲师（第9章）。

在项目开发与研究的过程中，教育部有关部门与领导予以了大力支持与指导。华东师范大学职业教育与成人教育研究所所长石伟平教授、教育部职业技术教育中心研究所主任邓泽民教授、上海经济管理学校沈汉达校长、同济大学职教学院师慧丽博士、同济大学职教学院王奕俊副教授等专家组成员，对本项目研究给予了大力支持，感谢他们的指导意见和宝贵建议。同济大学项目办、厦门大学继续教育与职业教育学院、厦门大学经济学院金融系的各位领导与老师，在项目的实施与研究过程中，也予以了大力帮助，在此一并表示衷心的感谢。本项目组调研过程中，得到了北京商贸学校、北京现代职业学校、北京商务管理学校、北京市经济管理学校、上海商业会计学校、上海市逸夫职业学校、上海市震旦中等职业学校、上海市南湖职业学校、上海市经济管理学校、武汉市财贸学校、武汉市财政学校、武汉市财经学校、青岛华夏职教中心学校、陕西银行学校、沈阳市金融学校、广西银行学校、厦门工商旅游学校、福建金融管理干部学院等中高职学校及教师的大力支持，在此表示衷心的感谢。

本项目研究与中期成果论证过程中，还得到厦门大学副校长邬大光教授、职业教育与继续教育学院王传金副院长、教育研究院副院长史秋衡教授、中国建设银行厦门分行生柳荣副行长、人事部总经理林瑜高级经济师，中国农业银行湖北省分行谭志河高级经济师、厦门证券郑学军高级经济师、招商银行厦门分行章英男总经理、中国人民财产保险股份有限公司连锦泉、中国太平洋保险（集团）股份有限公司王奕渲、爱建证券厦门湖滨一里营业部罗小萍经理、民生证券南京雨花西路证券营业部邢华秀总经理、杨卫东先生和中英人寿厦门分公司人力资源部廖燕红主任等国内职教行业专家及行业技术专家的指导。在此，谨向所有真诚帮助过我们的专家和领导表示衷心的谢意！还应该说明的是，在教材编写过程中，我们参考了国内外很多优秀教改教材和文献，从中得到了不少启示和帮助，在此表示衷心的感谢。

厦门大学经济学院金融系2008级博士生吴惠平，2007级硕士研究生朱丹、郑荫立、张雪鹿、王韦湛、宋君、谭曙娟、丁琳、高婧、刘文华等同学在课题调研中付出了大量时间与努力，陈飞燕、黄荔、赖尚伟、彭博、黄振、段润华、史金月、魏琳、李志伟、黄敏大等同学在资料收集及调研工作方面也付出了劳动，在此表示真诚的感谢。

当然，由于水平有限，加之时间仓促，本项目研究成果及系列核心教材在撰写过程中难免存在不足和疏漏，恳请广大读者批评指正。

编　者

2011年12月于厦门大学

目录

金融事务专业教师教学能力标准

金融事务专业师资培训方案

金融事务专业教师培训质量评价指标体系

金融事务专业教师教学能力标准

一、金融事务专业教师教学能力标准开发背景

经济的可持续发展离不开大量的、具有一定职业技能的、在一线部门从事实际业务的操作型人才，即需要大量的具备熟练专业实践能力的中等职业技术人才。但多年来，我国职业教育师资队伍建设的步伐滞后于职业教育事业的发展要求，中职教师存在师资力量不足、师资结构不合理、缺乏中青年学术带头人和教学骨干、教师专业实践技能低、教学能力低等问题，一定程度上影响了职业教育的教学质量。职业教育师资的来源渠道和培训形式一直是中等职业教育师资队伍建设中的两个基本问题。这些问题已引起国家的高度重视，为了加强中职教师培养和培训、提高师资水平和素质，国务院于2005年颁布了《国务院关于大力发展职业教育的决定》（国发［2005］35号），提出了“实施职业院校教师素质提高计划”的决定。2006年教育部、财政部联合颁布了《教育部、财政部关于实施中等职业学校教师素质提高计划的意见》（教职成［2006］13号文），提出“十一五”期间，中央财政安排专项资金，支持开展“职业院校教师素质提高计划”建设，“全面推动职教教师队伍建设工作，加快造就一支适应职业教育，以就业为导向，满足技能性和实践性教学要求的教师队伍，为职业教育持续快速健康发展提供强有力的保障。”并于2007年底在全国范围内启动了“中职学校重点专业师资培训包开发项目”（以下简称“项目”）。该项目涉及中职学校的70个重点专业，每个专业培训包的开发项目又包含5个子项目（制定教师教学能力标准、设计教师培训方案、制定培训质量评价指标体系、开发教师培训核心课程教材、开发专业教学法教材及其他），其中一个基础性的子项目就是开发、制定《中职学校专业（70个重点专业中某一具体的专业）教师教学能力标准》。

金融事务专业是70个重点专业之一。金融是经济的核心，培养不同层次的金融人才为国家经济可持续发展服务是十分重要的。目前，国内已有400多所大中专院校开设了金融学专业，为国家输送了不少优秀毕业生。但随着金融市场开放、金融体制改革、金融业务创新速度的加快，随着我国资本市场的发展以及网络金融的推进，我国更迫切需要大量地拥有现代金融业务知识和实践能力的金融一线操作人员。加大国内金融职业学院师资再教育的力度、提高师资金融知识水平、强化教师金融事务实践操作能力、扩展师资教育教学能力、培养“双师型”教师队伍，更显得必要和迫切。

制定《中职学校金融事务专业教师教学能力标准》（以下简称《标准》）是提高中职教师素质、完善中职师资再教育和培训的基础，对建设一支适应中等职业学校教育发展需要的教师队伍、促进中等职业学校教育的持续健康发展都具有重要的意义。一方面，有了专业教师教学能力标准，从事中等职业教育的教师就有了明确的专业实践能力和教学能力发展目标和方向；另一方面，《标准》也是教育部中职师资提高培训的基本依据。《标准》的出台，使得中职学校教师培训有目标可循（因为师资培训目标就是找出教师教学能力标准与教师教学能力现状的差距，从而有针对性地进行培训），培训者和受训者有标准可鉴，评估者有

指标可测，从而促进师资培养培训工作更加科学化、规范化和专业化。这套标准一旦成熟，可据此研究出中职学校教师职业素养和金融事务专业能力的培训考核和认证体系。最后，《标准》也是考核、检验中职学校专业教师教学能力是否合格（达标）的基本准则和依据。

二、对金融事务专业教师教学能力标准的界定

金融事务专业教师教学能力是中等职业学校从事金融事务专业相关课程教学的教师实现专业培养目标、完成专业教学任务所必需具有的知识、技能和态度。

金融事务专业教师教学能力标准是以金融事务专业知识、金融事务职业岗位技能、职业教育科学知识和职业教育实践经验的综合成果为基础，根据职业教育特点，对专业教师实现专业培养目标，完成专业教学任务，实施专业教学过程中所必须具有的知识、技能和态度等方面作出的统一的综合性规定，作为中职学校金融事务专业教师共同遵守的基本准则。

《标准》是政府规范职业学校金融事务专业建设、专业教学以及进行专业评估的指导性文件，是教师从事职业教学具有的最基本的教学能力要求，它规定了从事金融事务专业教学的教师完成教学任务应该具备的基本能力。它既是中职开设金融事务专业的学校衡量专业教师教学水平的基本准则和依据，也是中职学校专业师资培训目标设置的重要参考。

对“专业教师教学能力标准”内涵的界定包括以下几个概念：

（一）“金融事务专业教师教学能力标准”中的专业教师

根据《中华人民共和国教师资格条例》第三条教师资格分类标准，教师可以分为：幼儿园教师、小学教师、初级中学教师、高级中学教师、中等职业学校教师（包括中等专业学校、技工学校、职业高级中学文化课、专业课教师）、中等职业学校实习指导教师（包括中等专业学校、技工学校、职业高级中学实习指导教师）和高等学校教师。各级学校按教师所从事的教学任务性质，又可以分为文化课教师、专业课教师和实习指导教师。按照所从事的专业教学内容划分，又可以分为不同科目、科类或不同专业的教师。

《标准》中的专业教师是指在中等职业学校从事金融事务专业课教学的专业课教师。这类教师及其教学活动的特点是：

（1）从事的是职业教育工作，教育对象是中等职业学校学生。

（2）承担的是专业教学任务，包括金融事务专业知识、金融事务实践技能、金融事务职业道德的传授和指导。

专业教师的教学活动特点对其教学能力提出了不同于一般教师的要求。要求教师既必须掌握职业教育理论和技能，还必须掌握金融事务专业知识、操作技能和职业态度。

（二）“金融事务专业教师教学能力标准”中的教学能力

能力是一个内涵十分丰富、外延相当广泛的概念，至今学术界对能力都没有统一的定

义。从能力形成的角度来讲，借鉴能力本位教育（Competency Based Education，简称 CBE）理论对能力的解释①，能力（Competence）可以定义为完成一定职业任务所需的知识、技能和态度②。按照主体所从事的任务活动的性质不同，能力可以分为：学习能力、职业能力和执行能力。其中，职业能力又可以根据其对职业活动的作用程度不同分为：职业特定能力、行业通用能力、职业核心能力。职业特定能力是指最能体现一个职业的特点并且只有这个职业才特别要求的能力；行业通用能力是指一个职业所属的行业内所有相关职业都要求具备的能力，这些能力虽然并不一定是这个职业所特有但却对这个职业特别重要；职业核心能力是指所有从业人员无论从事何种职业都应当具备的职业基本能力。教学能力是教师职业能力中的职业特点能力。

根据上述定义，教学能力是指教师因完成教学任务而实施的各项教学活动所必须具备的知识、技能和态度。而教学活动是一个内涵丰富的行为，广义而言，凡围绕教学而开展的行为，诸如教学设计、教学实施、教学反思和评价等都属于教学活动的范畴。从教学质量的提高和教师自身专业可持续发展来看，教学研究和教学改革也是教学活动的重要组成部分。因此，按照教学活动展开的过程进行分析，教学能力至少应该包括教学设计能力、教学实施能力、教学反思能力以及教学研究能力。

对于职业学校而言，现代职业教育的目的是培养学生职业岗位实践的能力，不仅要培养学生专业实践知识、技能，还要培养学生职业道德和职业行为规范。职业学校专业教学活动应该围绕专业培养目标，考虑职业活动的特点，立足培养学生专业实践的能力来展开，这决定了专业教师开展诸如专业培养目标的确定、课程目标的确定、教学内容的设计、教学方法的选择等教学活动与一般教师的教学活动有所不同：一方面，在培养学生岗位能力的过程中，教师是教学主体，教学活动是媒介，学生是受体，教学目的是传授岗位知识、技能和职业态度，这要求教师自身必须能够熟悉、掌握专业实践知识、技能和职业规范，才能示范、指导学生完成职业岗位任务。因此，专业教师必须具备专业实践能力；另一方面，教师在能够完成专业实践能力标准中的内容基础上，要针对专业实践能力标准中的内容，按照教学步骤展开教学活动，示范和指导学生岗位实践能力，实现教学目标和专业培养目标，这要求教师必须具备教学的知识、技能以及教师职业道德和行为规范。教师这种针对专业培养目标实施专业教学，达到教学目的和要求所具有的知识、技能和态度，就是专业教师的教学能力。

综上所述，专业教师教学能力是指专业教师实现专业培养目标，完成专业教学任务所必需具有的知识、技能和态度。具体而言，专业教师教学能力是指教师在掌握专业实践能力基础上具备的教学能力。教师自身对专业实践能力掌握的程度以及教师教学能力水平的高低，决定了专业教学效果能否达到专业教学目的。

从概念的外延来看，“教师教学能力”从属于教师专业能力。教师专业能力包括教育能力、教学能力和其他能力（服务于教书育人一系列活动的其他能力），其中教学能力是教师

① 能力本位教育以美国、加拿大为代表，产生于第二次世界大战后。其核心是从职业岗位的需要出发，确定能力目标。通过学校聘请行业中一批具有代表性的专家组成专业委员会，按照岗位群的需要，层层分解，确定从事行业所应具备的能力，明确培养目标。然后，再由学校组织相关教学人员，以这些能力为目标，设置课程、组织教学内容，最后考核是否达到这些能力要求。

② 张燕逸：《职业心理学》，延边大学出版社 1990 年版。

专业能力中的核心能力。教师专业能力、教师基本能力和教师一般能力构成教师能力（或者教师职业能力）。“教师专业能力”是“教师能力”的关键能力。教学能力、教师专业能力、教师能力三者之间的关系可以从图 1－1 教师能力结构基本框架中来反映。

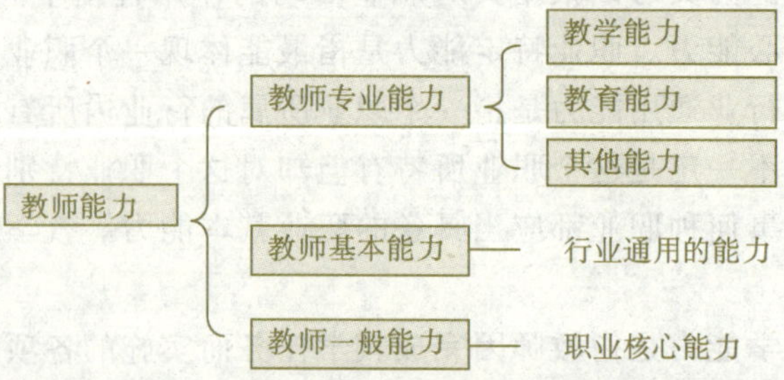

图 1－1　教师能力结构基本框架

教师能力同其他行业的专业能力一样，本质上都是某种职业能力。它们的关系可以用图 1－2 来反映。

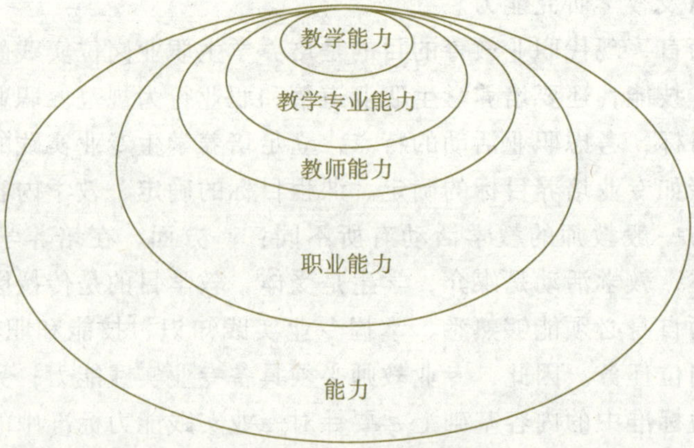

图 1－2　教学能力与能力的关系

（三）“金融事务专业教师教学能力标准”中的标准界定

“标准”是对一定范围内的重复性事物和概念所做的统一规定。它是“得到一致（绝大多数）同意，并经公认的标准化团体批准，作为工作或工作成果的衡量准则、规则或特性要求，供（有关各方）共同重复使用的文件，目的是在给定范围内达到最佳有序化程度”①。“标准”的本质是以科学、技术和实践经验的综合成果为基础，以获得最佳秩序、促进最佳社会效益为目的，经有关方面协商一致，由主管机构批准，以特定的形式发布，作为共同遵守的准则和依据。

金融事务专业教师教学能力标准是以金融事务专业知识、金融事务职业岗位技能、金融事务专业职业态度、教育科学知识和职业教育实践经验的综合成果为基础，根据职业教育的

① 根据 1986 年国际标准化组织发布的 ISO 第 2 号指南对标准的定义。

特点，对中职学校专业教师在完成教学任务所必须具有的知识、技能和态度等方面作出统一的综合性规定，作为中职学校金融事务专业教师共同遵守的基本准则。

三、金融事务专业教师教学能力标准开发思路

（一）专业教师教学能力标准开发的基本原则

1. 科学性原则

专业教师教学能力标准开发要遵循现代职业教育发展理念，切合中等职业学校教学实际，本着科学、务实的态度，边开发、边探索、边完善。开发过程中始终坚持以工作任务为中心来整合相应的知识、技能和态度，实现理论与实践的统一。能力指标要与工作任务相匹配，从职业教育和专业岗位需求出发；能力内容要反映专业领域国内外新岗位、新标准、新知识、新技术、新工艺和新方法。

2. 导向性原则

专业教师教学能力标准是专业教师教学能力的检验考核依据，也是教师继续再教育和培训的参考。标准指标的选择必须具有前瞻性：一方面要体现现代职业教育对教师教学能力的要求，另一方面要体现当代金融事务职业发展对专业教师能力的要求，同时要体现职业和职业教育的发展趋势。要能引导教师按照标准的规范要求寻求自身完善发展。

3. 规范性原则

专业教师教学能力标准的文字表达要准确、规范，层次要清晰，逻辑要严密，技术要求和专业术语应符合国家有关标准和技术规范，文本格式和内容应符合教育部规定的要求。

4. 可操作性原则

专业教师教学能力标准要有利于职业学校师资水平的提高，能适应教师自身发展的需要，与职业标准相结合，各项内容和要求应清晰明确，尽可能具体化、可度量，便于教学能力评价主体（学生、教学督导组专家、教学管理人员和教师同行）进行评价和检验。

5. 开放性原则

专业教师教学能力标准是由行业专家、教育教学专家在深入调研的基础上经过反复推敲和论证而形成的，并经权威机构批准、发布实施的，它反映了开发当时职业教育领域和目标职业领域内最新的岗位需求，融合了职业教育领域和目标职业领域最新的职业能力（知识、技能和态度），从而具有权威性、前瞻性和稳定性。但是职业教育理论和实践以及目标职业领域的岗位和职业能力却处于不断变革、创新和发展之中，新观念、新知识、新技能和新的职业道德规范不断涌现，致使曾经处于前瞻的专业教师教学能力标准日显滞后。开发专业教师教学能力标准耗时长、耗费多、涉及面广，标准稍有滞后就立即组织全面修订，既不科学也无可能，所以要从组织机构、人员安排以及修订、批准和发布机制方面作出制度安排，为标准的局部修订提供制度保障，以便专业教师教学能力标准能够追踪职业动态，标准本身也

要为这种追踪预留接口。

（二）专业教师教学能力标准开发的依据

1. 理论依据

教师专业发展理论和职业教育理论是教师教学能力开发及其研究的重要理论依据。

20世纪80年代以来，社会职业的专业化发展对教师专业发展提出了要求，教师专业发展理论正是基于这个背景产生的。该理论指出，教学能力发展是教师专业发展的重要内容。教师必须具备从事教育教学工作的基本知识和技能。从教师自身的角度来看，教师专业发展的标准和目标主要包括以下几个方面：（1）专业知识。具体指向有：目标职业领域知识、将目标职业领域知识融入任务引领型课程的知识、将课程内的项目、任务转化为适当的教学活动所需的课程教学法知识、课堂管理与组织的一般教学法知识、课程知识、学习者的知识、教师个人的实践知识。（2）专业技能。具体指向有：教学的设计与实施、课堂管理、与学生交流并对学生提出建议、评价学生的学习与行为、接受外来的建议并发展专业技能。（3）专业情意。具体指向有：对职业的认同感与责任感、信奉教师的道德准则、追求自我价值体现、深刻理解学生的发展和具有对学生的爱、致力于学生道德养成的示范与引导、对所有学生负责。

职业教育理论指出，职业教学应该围绕职业教育的培养目标及办学特色展开。职业教育的培养目标是培养适应社会和经济发展需要的技术应用型人才。从宏观上来看：职业教育的最终目的是发展本国经济，因此凡经济发达的国家，政府必然对职业教育非常重视，这从英国、德国、美国等发达国家职业教育体制发展完善以及职业教育理论研究趋于成熟上可以体现。从微观上来看：职业教育是以训练学生掌握一定的职业知识、就业技能和职业态度为目的的教育。正如国务委员陈至立在全国职业教育工作会议上的讲话中曾经提到：职业教育的目标是培养数以千计的技能型人才和数以亿计的高素质劳动者。职业教育应坚持“以服务为宗旨，以就业为导向，面向社会、面向市场办学。”“职业教育要与产业对接，为地区经济发展培养适应社会发展的技能型人才。”以服务为宗旨，以就业为导向，对中等职业教育的办学模式提出了新的要求。要求建立以职业、岗位、工作为基本依据所设计的职业教育教学模式，最大限度地实现教学体系与职业、工作岗位要求的对接①。这对中职学校专业设置、课程设置、教学内容、教学情境等提出新的改革要求。课程设置应突出职业岗位在课程体系中的主线地位，以工作任务为中心整合理论与实践，培养学生关注工作任务完成，而不是关注知识记忆的习惯。专业教学内容应与职业能力相对接，根据工作岗位对学生知识、技能和态度的要求确定教学内容体系。专业教学评价标准应和企业评价标准相对接，把企业评价标准和方法融合到学生学业评价中，引导教师和学生按照企业要求进行教学。职业教育的培养目标要求职业学校专业教师必须达到“双师型”教师标准：既应具备教师的专业教学素质，又应具备特定行业的职业技能。同时，中职教育在培养目标、培养模式上的新变化和要求，对专业教师教学能力和职业技能的具体内容提出了新的要求。

---

① 石伟平、徐国庆：“以就业为导向的中等职业教育教学改革理论探索”，《中国职业技术教育》，2008，11。

2. 现实依据

（1）我国金融事务师资现状、教师教学能力现状，迫切需要开发专业教师教学能力标准。标准开发之前，课题组通过走访、会议研讨及其电话、电子邮件等方式，对全国范围内中职开设金融事务专业的各类学校展开了广泛的调研。掌握了大量的中职学校专业教师能力考核的资料素材，并对目前我国中职金融事务专业教师的师资现状、教学能力现状有了较为深入的了解和把握。调研结果显示，目前我国金融事务专业教师在教学方面普遍存在对教学目标及专业培养目标认识不透彻、教师专业知识结构不合理、教材内容和岗位实际要求脱节，重理论知识、轻实践技能、课程设置能力低、教师操作技能差、教学方法单调等问题。教师的这种教学能力现状，迫切需要对专业教学能力标准进行开拓性、系统性地研究，规范教师教学过程，引导教师达到合格的教学能力，以提高专业教学质量，促进职教发展。课题组的前期调研既为开发专业教师教学能力标准提出了要求，也为教师能力标准的开发提供了实践数据和研究基础。

（2）我国金融事务专业岗位需要、职业发展以及金融行业发展迫切需要规范金融事务专业实践能力标准。金融是一个实践性很强的行业，中职学校金融事务专业教师必须具备扎实的专业实践能力。随着经济全球化、金融全球化的发展，特别是我国历经 WTO 过渡期之后，外资金融机构在境内发展迅速，在给国内金融机构带来挑战的同时，也带来了金融业务发展的机遇。近几年，国内金融事务业务创新日益丰富，金融理财、保险、证券、基金等金融机构迅速发展壮大，金融知识更新加速，金融行业出现了许多新的岗位和任务，传统岗位和任务也发生较大的变化，银行业务趋于一体化、综合化发展，如银行出现了个人理财师、证券、保险行业也出现保险代理、保险咨询、证券代理等新的岗位和需求。这些变化给金融事务专业人员的实践能力提出了挑战。开发金融事务专业实践能力，是教师教学能力必不可少的部分，也是规范我国金融事务专业实践行为、深化金融改革的要求。

（3）国际组织、各国政府、国内外专家在教师能力相关标准方面进行的研究为本标准的开发提供了比较和参考。在职教教师的能力标准方面，国际机构、国内外专家学者已经进行了一定的研究，为能力标准的开发提供了借鉴参考。国际培训、绩效、教学标准委员会（IBSTPI，2004）认为教师能力标准应该包括 5 个维度、18 项能力以及 98 条具体绩效指标。这 5 个维度是：专业基础、教学计划和准备、教学方法和策略、评估与评价、教学管理[①]。美国专业教学标准委员会（NBPTS，National Board Professional Teaching Standards）提出职教教师需具备的六项最基本的要求：加强教学效果的培训，文、理科方面的宽泛基础；掌握专业知识、技能；课程安排、资料组织、评价学生学习等能力；人力开发能力；有效实施教学能力；根据学生需要灵活运用所学知识。德国职业教育专家普洛格哈斯（Dr. Guenter Ploghaus）提出职教师资应具备了解技术、适应技术变化和继续学习的能力、教育教学能力、合作能力、跨文化教学能力、自我发展与自我提高能力。台湾学者周谈辉把职教专业教师应具备的职业能力归纳为九种：专业精神与专业道德；专业知识能力；专业技术能力；教学能力；教材规划、设计与编制能力；教学测验与评量能力；职业教育专业能力；人际关系及技巧能力；工场与课堂管理能力。有关专家在职业分析的基础上，提出职教教师

① James D. Klein 等著，顾小清译：《教师能力标准——面对面、在线及混合情境》，华东师范大学出版社 2007 年版。

应具备职业技术教育的课程开发与评估能力、教学设计能力、教学实施能力、教学评估能力、教学管理能力、学生指导能力、社会及公共关系的开发维持能力、教师职业的促进与发展能力。

（4）国家颁布的职业教育法规、条例以及教育部相关意见为标准的规范化、合理化提供了参考。我国在教师资格、职业教育规范化方面，先后出台了相关的法律、法规，如《中华人民共和国教师法》、《中华人民共和国职业教育法》、《教师资格条例》、《标准化法》和《标准化法实施条例》等，这些法律法规为标准的制定提供了依据。2006 年教育部、财政部联合颁布了《教育部、财政部关于实施中等职业学校教师素质提高计划的意见》（教职成［2006］13 号文），提出“十一五”期间，中央财政安排专项资金，支持开展“职业院校教师素质提高计划”建设，“全面推动职教教师队伍建设工作，加快造就一支适应职业教育以就业为导向，满足技能性和实践性教学要求的教师队伍，为职业教育持续快速健康发展提供了强有力的保障。”

（5）各省市、地区颁布的职业教育教师能力标准，为本研究的标准开发奠定了基础。国内一些省市、地区在职业教育教师能力标准方面也颁布了一些方案，如《重庆市中等职业学校专业教师能力标准（试行）》、《哈尔滨市中等职业学校教师岗位练兵内容标准及要求》等。

四、金融事务专业教师教学能力标准开发技术

（一）专业教师教学能力标准开发的程序

专业教师教学能力标准开发应遵循的基本操作程序和规范，可以从三个方面进行表述，即开发主体、开发过程和工作成果。核心是开发过程，包括专业教师教学能力现状调研、金融事务职业岗位活动和专业实践能力分析、金融事务专业教学活动和教学能力分析、能力标准结构调整、能力标准内容完善等主要环节，分别由不同的主体来承担，最终形成二项工作成果——即教师教学能力调研报告（最终汇总到课题总调研报告）、专业教师教学能力标准。开发程序如图 1－3 所示。

（二）金融事务专业教师教学能力标准开发方法

1. 教师教学能力情况调研

教师教学能力状况调研是专业教师教学能力标准开发前期的一项基础性工作。调研紧紧依靠学校、金融机构，围绕当前我国金融事务专业教师师资总体情况、教学能力现状及要求展开。通过调研，发现教师教学能力方面存在的问题，剖析问题产生的原因，并就如何提高专业教师教学能力提出对策和建议。具体而言，包括：（1）金融行业发展现状及对中职金融人才的需求情况（金融事务专业对应的职业岗位、岗位对学生知识技能的要求）；（2）全

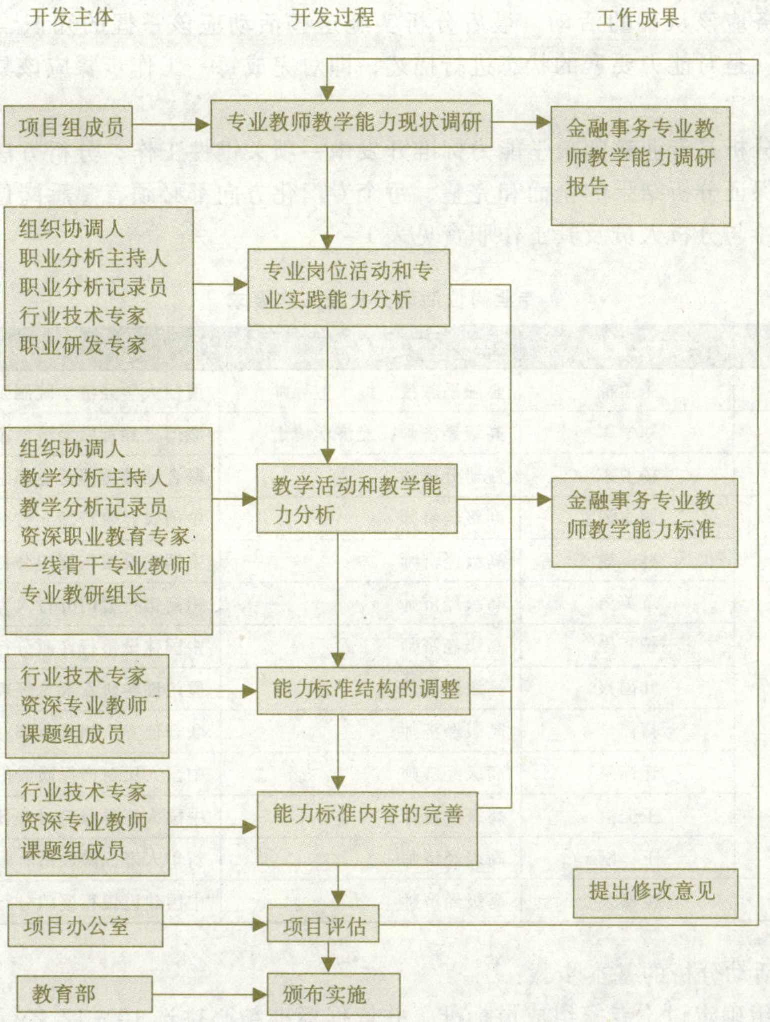

图 1－3　金融事务专业教师教学能力标准开发程序

国范围内中等职业技术学校[①]金融事务专业教师师资总体情况；（3）中职开设金融事务专业的学校专业教师教学能力现状；（4）中职金融事务专业师资培训现状。通过调研，我们可以总体把握中职金融事务专业教师教学能力情况，教学能力存在的不足。在此基础上，分析问题产生的原因，提出提高师资教学能力的对策建议。调研成果形式是“中等职业学校金融事务专业师资现状的调研报告”。

2. 专业岗位活动和专业实践能力分析

专业岗位活动分析是指对金融事务专业所对应的岗位或岗位群中需要完成的任务、活动进行分解的过程，目的在于得出完成专业实践活动应该具备的知识、技能和态度。其要求是把本专业所涉及的职业活动按专业化方向不同分为不同的模块，每一模块按岗位不同分为不同的能力领域；将岗位分解成若干个相对独立的工作任务，细分工作任务的操作步骤，得到

① 包括中等专业学校、职业高中（含职教中心）、技工学校、民办中职校、成人中专。

完成每一个任务应该从事的活动，最后分析实施这些活动应该掌握的知识、技能和职业态度。能力描述就是对能力要素的状态进行描述，即对完成每一工作步骤应该具备的知识、技能和态度进行描述。

岗位活动分析是专业教师教学能力标准开发中一项关键性工作，分析方法主要采用头脑风暴法。为了保证分析结果的全面和完整，每个专门化方向都必须有熟悉岗位工作任务的专家参加。具体参与分析人员及其工作职责见表 1－1。

表 1－1　专业岗位活动分析及工作要求

开发人员	具体成员	职称	工作岗位
组织协调人	朱孟楠	金融系教授，博士生导师	厦门大学经济学院副院长
职业分析主持人	郑学军	高级经济师，经济学博士	厦门证券首席经济学家
职业分析记录员	杨卫东	注册分析师	联合证券厦门营业部总经理
行业技术专家	谭志河	高级经济师	中国农业银行湖北省分行
	林　瑜	高级经济师	中国建设银行厦门分行人事部总经理
	章英男	高级经济师	招商银行厦门分行人力资源部总经理
	杨　俊	高级经济师	中国建设银行江西分行
	叶国兴	高级经济师	厦门证券研发部总经理
	褚仁堂	高级经济师	联合证券广州营业部总经理
	连锦泉	高级经济师	中国人民财产保险股份有限公司
	王奕渲	高级经济师	中国太平洋保险（集团）股份有限公司
	王　刚	高级经济师	新华人寿保险股份有限公司
职业研发专家	生柳荣	高级经济师	中国建设银行厦门分行副行长

专业岗位活动分析的基本步骤：

（1）课题组确定讨论专家组成员标准，并依据标准精心挑选 10～12 名行业技术专家和职业研发人员。

（2）组织协调人提前一个月与行业技术专家和职业研发人员联系，并做以下工作：

①介绍专业教师教学能力标准开发背景情况；

②介绍专业调研情况，提供调研报告（初稿）；

③介绍分析的有关技术，如对工作任务、工作流程、专业实践能力等概念的界定；

④提出职业活动分析的任务和要求。

（3）组织协调人安排职业分析主持人以及记录人，安排与会时间、场地、纸片、分析表式等技术支持工具。

（4）专业岗位活动分析主持人主持会议。引导专家小组按任务引领型开发要求，从工作岗位的实际需要出发，确定工作项目、任务和专业实践能力，具体步骤如下：

①将金融事务专业所涉及的职业活动按专业方向不同分为三个模块，分别是“模块一银行综合柜员业务与服务”；“模块二保险代理业务与服务”；“模块三证券代理与咨询服务”。

②每一模块按岗位不同分为不同的工作项目。如银行方向有银行柜员岗位、银行后台柜

员岗位、银行卡业务岗位、银行结算业务岗位、国际结算业务岗位、银行中间业务岗位、个人投资理财岗位，相应的工作项目有银行柜面业务与服务、银行卡业务与服务、银行结算业务与服务、国际结算业务与服务、银行中间业务与服务、银行后台柜员业务与服务、银行个人投资理财业务与服务等。保险方向有财产保险代理岗位、人身保险代理岗位，相应的工作项目有财产保险代理业务与服务、人身保险代理业务与服务。证券方向分为：证券代理服务岗位（开户岗与委托岗）、债券与基金交易的代理与咨询岗位（委托岗与咨询岗）、证券分析与咨询岗位（咨询岗），相应的工作项目有证券代理业务与服务、债券与基金交易的代理与咨询、证券分析与咨询等。

③对每一工作项目分析，确定工作任务。如银行柜员岗位涉及的工作任务有日初处理、个人人民币活期储蓄存款业务处理、个人人民币定期储蓄存款业务处理、个人定期一本通业务处理、教育储蓄业务处理等；财产保险代理岗位涉及的工作任务有财产损失保险代理、责任保险代理、信用保证保险代理、保证保险代理等。

④细分完成每项工作任务的具体活动，如个人人民币活期储蓄存款业务处理，包括开户、有折续存、有折支取、销户等。

⑤根据工作项目、工作任务分析相应的能力领域、能力单元，画出能力图表（见附表1－1）。能力图表分为两级，分别是能力领域、能力单元。其中工作项目对应于能力领域，对能力领域的表述一般采用“应能够提供……业务与服务”的方式，如“应能够提供银行柜面业务与服务”、“应能够提供银行中间业务与服务”等等。为了表述的简洁，《标准》中往往省略“应能够提供”几个字，直接表述为“银行柜面业务与服务”、“银行中间业务与服务”等。

能力单元对应于工作任务。每一能力单元是在短期内完成并可独立进行，且产生产品、服务或决策。对能力单元的表述，一般采用“应能够＋行为动词＋业务名称”方式，如“应能够处理个人消费贷款业务”、“应能够管理银行卡风险”。为了表述的简洁，《标准》中也往往省略“应能够”，表述为“处理个人消费贷款业务”、“管理银行卡风险”。

在职业能力标准的制定中，对工作任务还可以按实施的步骤细分为具体的活动，完成这些活动应具备的能力，我们称之为能力要素。能力要素的表述根据行业用语习惯，既可以采用“行为动词＋受词”的形式，也可采用“名词＋动词”等简单操作性语言表述，如“核对重要凭证”、“识别银行卡”或“信用卡开户”、“K线分析”等。

能力标准的第四级指标就是对能力要素的具体描述，也采用“行为动词＋受词”的形式。

（5）记录、归纳、梳理得到的“专业岗位活动与专业实践能力分析”结果。

（6）行业专家反复论证。

专业岗位活动与专业实践能力分析技术路线如图1－4所示。

3. 教学活动与教学能力分析

教学活动分析的目的是通过对金融事务专业教师岗位职责、任务及活动进行分解，获得教师的教学能力指标。分析过程：首先从中职专业教学培养目标入手，分析专业教师完成专业教学任务必须履行的职责；其次对履行每一职责必须完成的工作进行分解，对工作任务必须进行的活动进行分解，在此基础上对完成相应任务应该具备的知识、技能要求进行分析，并作出较为详细的能力描述。

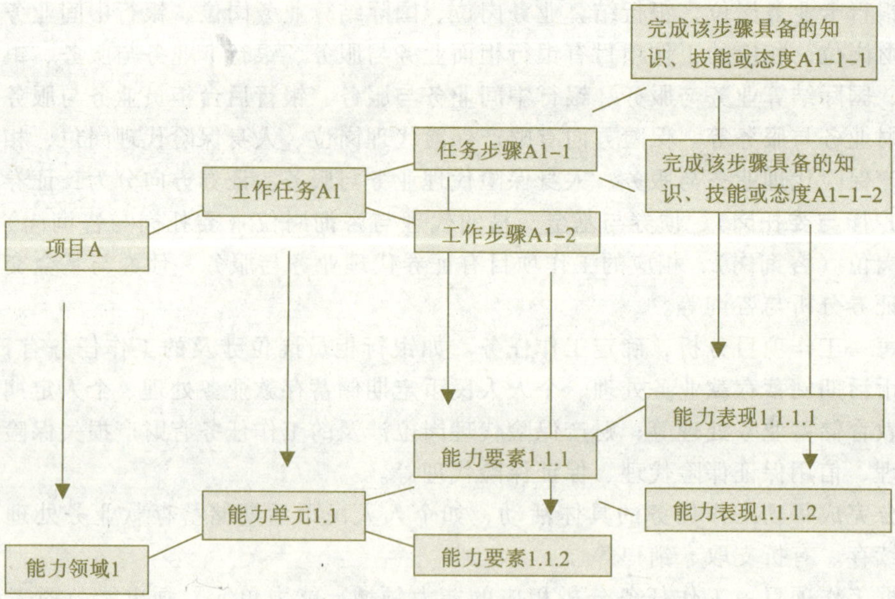

图1-4　专业岗位活动分析与专业实践能力

教学活动分析过程中邀请的专家主要是：职业教育专家、资深专业教师或者专业教研组长。具体参与分析的人员及其工作要求如表1-2所示。

表1-2　教学活动分析人员及工作要求

开发人员	成员分配	职称	工作单位及职务
组织协调人	朱孟楠	教授，博士生导师	厦门大学经济学院教授，副院长
教学分析主持人	汪正干	高级讲师	上海商业会计学校金融教研室主任
教学分析记录员	喻海燕	助理教授，博士	厦门大学金融系助理教授
资深专业教师	何冯虚	高级讲师	北京商贸学校金融系主任
	经严丽	高级讲师	广西银行学校金融教学部主任
	李小可	高级讲师	上海商业会计学校金融事务专业骨干教师
	王　峥	高级讲师	上海经济管理学校财金系教研室主任
	熊湘辉	高级讲师	陕西银行学校金融部部长
	李　颖	高级讲师	沈阳市金融学校金融系主任
	郑文丽	高级讲师	沈阳市金融学校金融事务专业骨干教师
	倪信琦	高级讲师	福建金融管理干部学院金融系主任
	陈　捷	高级讲师	武汉市财贸学校金融教研组组长
	朱雯娜	高级讲师	上海南湖职业学校金融部教研处主任
	徐旭亮	高级讲师	杭州市江滨职业学校金融事务教研室组长
职业教育专家	史秋衡	教授，博士生导师	厦门大学高教所教授

教学活动分析步骤：

（1）分析教师完成金融事务专业教学必须履行的教学职责。

（2）分析每一教学职责下应履行的教学任务，列出任务内容。

（3）按照教学活动顺序对职责、任务进行排序，得出教学活动分析图，如图 1－5 所示。

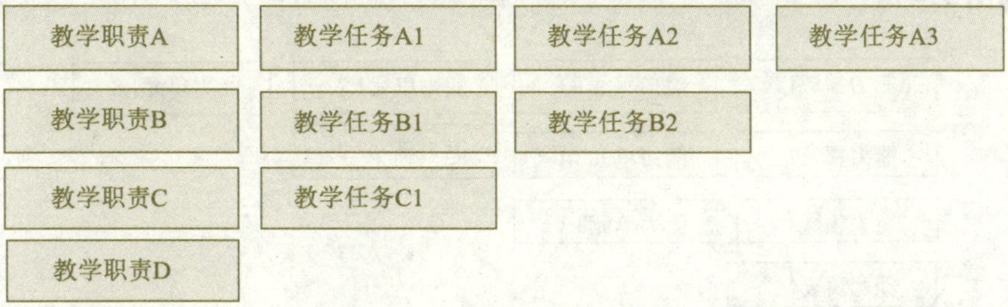

图 1－5　教学活动分析图

教师应该具备制订授课计划的职责，制订授课计划，必须掌握授课目的、确定授课内容、授课方式、安排教学进度。要完成这些步骤，教师首先必须解读专业培养方案，明确本课程开设目的；其次，解读教学大纲，明确本课程培养目标；再次，要解读职业资格标准，了解行业对岗位人员资格的规定及要求；在明确上述目标和要求之后，要了解中职学生的心理发展特点以及对专业知识的学习态度，结合对学情的分析，安排教学内容和进度。因此，围绕制订授课计划，教师必须执行下列工作任务：

任务 B1：解读专业培养方案

任务 B2：解读课程教学大纲

任务 B3：解读职业资格标准

任务 B4：分析学情

任务 B5：分析教材

任务 B6：选择教学资源

任务 B7：确定教学进度

对制订授课计划这一职责而言，应具备的职责—任务可以用图 1－6 来表示：

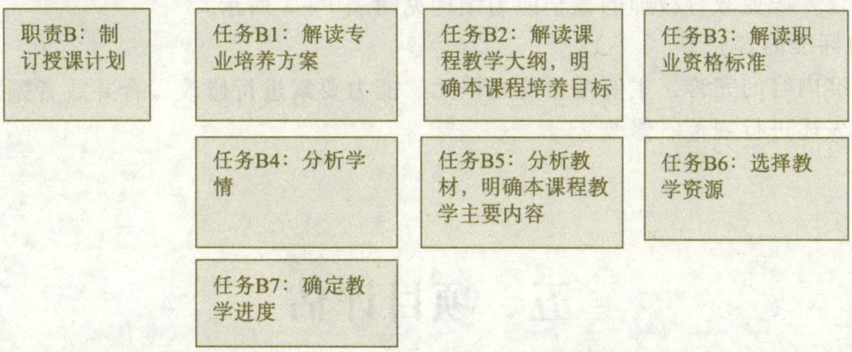

图 1－6　教师职责—任务分析图

（4）分析每一工作任务具体包含的工作内容。如要完成“确定教学进度”这一教学任务，则必须：

工作内容 A1－1　确定本学期总教学课时数

工作内容 A1－2　确定各章节的课时安排

（5）根据上述教学活动分析，确定对应的能力领域、能力单元、能力要素及其能力表现指标（见图 1－7）。

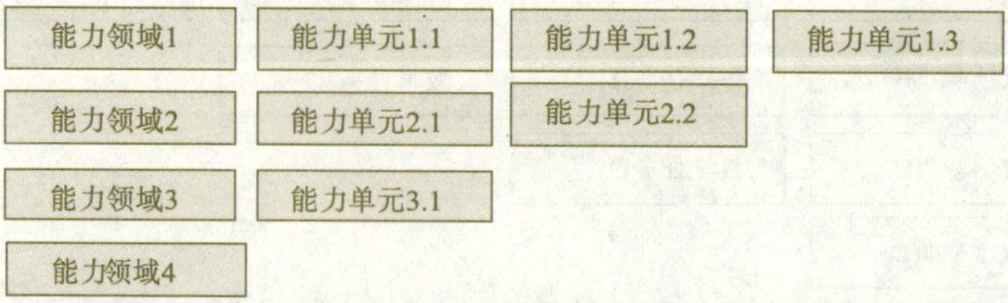

图 1－7　教学本位能力图表

能力领域、能力单元与能力要素的解释和职业活动分析一致。能力表述都可采用“行为动词＋受词”，如“设计教案”、“确立教学目标”、“解读行业标准”。

4. 能力标准结构调整

在确定了各项专业实践能力和教学本位能力之后，相应的能力图表的整体轮廓也就显现出来了。但是如何科学构建能力结构，还有待对结构进行全面、细致分析。同时在讨论能力单元的过程中，不可避免地出现了不同意见的争议，为了使讨论进行下去，必然会有一些悬而未决的能力单元产生。能力结构调整，就是通过对能力领域进行排序，并对能力领域、能力单元、能力要素进行增加、删除、修订、合并，进一步完善能力图表的过程。

能力结构调整方法：专业实践能力是按照专业岗位进行设计，岗位先后顺序不代表岗位的重要性，但每一岗位下相应能力领域、能力单元的排序是按照一个刚进入本专业培训学习的人应首先掌握的能力，逐个对能力领域、能力单元进行罗列的。教学本位能力是按照一名专业教师完成教学任务的工作先后顺序进行排列，即先进行专业课程设计，制订授课计划、设计教案、教学准备，再实施教学，最后进行教学评价、职业引导、教学研究、教学改革等逻辑顺序进行排序。

如上所述，职业教育教师的教学能力结构见附表 1－2 所示。

5. 能力标准内容完善

能力标准内容的完善，主要是对能力单元、能力要素进行修改、合并或者删除；对能力表现指标的表述进行规范、修改。

五、项目评估

项目评估由项目办组织实施。一般程序：（1）课题组在完成开发任务后，向项目办提出审定申请，并提交相关材料；（2）项目办根据不同专业情况，组织专业评估专家小组进行审定，并提出书面审定意见；(3) 审定办法按有关规定执行。

六、颁布实施（略）

附表 1－1　　金融事务专业实践能力图表

银行柜面业务与服务	处理日初业务	处理人民币存款业务	处理储蓄特殊业务	处理外币储蓄柜面业务	处理日终业务	
银行卡业务与服务	认识银行卡	实施银行卡营销	处理信用卡非金融交易	处理信用卡金融交易	实施银行卡客户服务	管理银行卡风险(骨干)
银行结算业务与服务	处理票据结算业务	处理汇兑结算业务	处理委托收款业务	处理托收承付业务		
国际结算业务与服务	审核与处理国际结算票据	用不同的结算方式处理国际结算业务	处理国际结售汇业务			
银行中间业务与服务	处理银行代收代付业务	处理银行代理基金业务	处理银行代理国债业务	处理银行代理保险业务		
银行后台柜员业务与服务	熟悉银行后台柜员业务基本背景	认识会计账目和账户	掌握借贷记账法在银行业务核算中的运用	制作会计凭证	登记银行账簿	
	熟悉银行会计报表	掌握银行会计档案	处理银行会计出纳业务	核算个人储蓄业务	核算对公存款业务	
	核算支付结算业务	核算外汇存款业务	核算国际结算业务	核算银行内部往来业务		
银行个人投资理财业务与服务(骨干)	提供理财顾问服务	提供综合理财服务				
财产保险代理业务与服务	代理财产损失保险	代理责任保险	代理信用保证保险	代理保证保险		
人身保险代理业务与服务	代理人寿保险	代理年金保险	代理人身意外伤害保险	代理健康保险		
认知证券代理咨询业务与服务	认知证券代理咨询业务服务规范	认知证券代理咨询从业准备				
代理证券开户	代理证券账户的开立	代理基金账户的开立	代理创业板账户的开立			
代理证券委托业务	受理股票委托业务	受理债券委托业务	受理基金委托业务			
代理证券分析与咨询(骨干)	分析宏观经济走势	分析行业动态	分析公司前景	分析技术指标		

附表 1－2　　金融事务专业教师教学能力图表

课程设计	确定专业培养目标（课程目标）	筛选专业课程内容	组织专业课程内容	编写课程教学大纲	形成专业培养方案
制定授课计划	解读专业培养方案，明确本课程开设目的	解读课程教学大纲，明确本课程培养目标	解读职业资格标准	分析学情	解读教材，分析职业发展情况，提出课程内容处理或调整方案
	分析课程内容，明确本课程授课计划	选择教学资源	考虑其他制约因素，确定教学进度		
设计教案	明确教学目的	分析职业活动特点	分析学习者	解读授课计划，明确教学内容、重难点	制定教学策略
	设计教学评价				
教学准备	准备教学资源	准备教学辅助材料	布置教学情境		
实施教学	导入新课	情境导人	布置学习任务	组织教学过程	处理突发事件
	课堂总结	布置课外作业			
教学评价	回顾教学过程	调查了解教学效果（含批阅作业）	将教学过程和效果与预设的教案进行对比，进行课后反思	根据设计的评价方法、评价内容和评价标准进行评价分析	写出评价结论
	反馈调整				
教学指导	说课	上示范课（骨干教师）	评课	组织指导参赛	主持精品课建设（骨干教师）
	组织实习实训活动	指导青年教师（骨干教师）			
教学研究	提出教研课题、立项	组织开展教研活动	撰写研究报告	应用研究成果	撰写论文
教学改革	现状调研与评价	提出教改方案	组织实施教学改革	评价教改效果	

参考文献

[1] 彼得罗夫斯基著:《普通心理学》，人民教育出版社1981年版。

[2] 邓泽民和王宽著:《现代四大职教模式》，中国铁道出版社2006年版。

[3] 彭聃龄著:《普通心理学》，北京师范大学出版社2001年版。

[4]《中国大百科全书》，中国大百科全书出版社1991年版。

[5] 罗树华和李洪珍主编:《教师能力学》，山东教育出版社2000年版。

[6] 王仑:"职业教师专业能力标准"，工作论文。

[7] 蔡笑岳著:《教师专业发展与教学科研》，暨南大学出版社2007年版。

[8] 严先元:《教师的教学技能》，中国轻工业出版社2007年版。

[9]] 国务院关于大力发展职业教育的决定，国发（2005）35号，2005年10月28日。

[10] 教育部职业教育与成人教育司、教育部职业技术教育中心研究所编:《中等职业学校金融事务专业教学指导方案》，高等教育出版社2002年版。

[11] 教育部、财政部：关于实施中等职业学校教师素质提高计划的意见，教职成（2006）13号，2006年12月26日。

中等职业学校金融事务专业教师教学能力标准

目录

中等职业学校金融事务专业教师能够完成金融事务专业实践能力标准中的内容，达到能够示范、指导学生完成的水平。同时，针对金融事务专业实践能力标准的内容，达到中等职业学校专业教师教学能力标准。

一、金融事务专业实践能力标准

模块一　商业银行综合柜员业务与服务

1. 银行柜面业务与服务

1.1 处理日初业务

1.1.1 营业前准备

1.1.1.1 打扫营业柜台、各种机器设备卫生

1.1.1.2 整理日常用具

1.1.1.3 挂好工号牌

1.1.1.4 检查安全防卫器具和二道门锁

1.1.1.5 现金及重要单据出库

1.1.2 签到

1.1.2.1 刷卡输入交易部门、柜员号、钱箱号、权限卡密码

1.1.2.2 签到录入

1.1.2.3 进行密码的设置和修改

1.1.3 现金出库

1.1.3.1 打印“现金出库单”

1.1.3.2 配款和复核

1.1.3.3 清点现金

1.1.4 重要空白凭证出库

1.1.4.1 填写“重要空白凭证出库单”，交库管员

1.1.4.2 库管员发放重要空白凭证

1.1.4.3 清点签收

1.1.4.4 打印“重要空白凭证出库单”交库管员

1.2 处理个人人民币活期储蓄存款业务

1.2.1 开户

1.2.1.1 接收并审核客户开户申请和身份证

1.2.1.2 清点现金，核对金额

1.2.1.3 录入客户信息

1.2.1.4 打印开户申请和活期存折

1.2.1.5 盖章

1.2.1.6 将活期存折交客户

1.2.2 有折续存

1.2.2.1 接收客户存折和现金

1.2.2.2 清点现金并核对金额

1.2.2.3 录入续存信息

1.2.2.4 打印存款凭证和活期存折

1.2.2.5 将存款凭证交客户签字

1.2.2.6 在存款凭证上盖章

1.2.2.7 将活期存折交客户留存

1.2.3 有折支取

1.2.3.1 录入客户支取信息

1.2.3.2 打印取款凭证和活期存折

1.2.3.3 清点现金，核对金额

1.2.3.4 将取款凭证交客户签字

1.2.3.5 客户签字后在取款凭证上盖章

1.2.3.6 将活期存折和现金交给客户

1.2.4 销户

1.2.4.1 接收客户递交的活期存折和身份证

1.2.4.2 录入销户信息

1.2.4.3 打印取款凭证、活期存折和利息清单

1.2.4.4 清点现金，核对金额

1.2.4.5 将取款凭证交客户签字

1.2.4.6 盖章

1.2.4.7 破坏活期存折磁条的完整性

1.2.4.8 将清单利息、现金和身份证交给客户留存

1.2.5 存款换折

1.2.5.1 录入换折信息

1.2.5.2 打印新存折

1.2.5.3 在存折上盖存单专用章

1.2.5.4 旧存折顾客签字收回

1.2.6 挂失换折

1.2.6.1 审核挂失申请书和身份证

1.2.6.2 账户查询录入

1.2.6.3 录入挂失换折信息
1.2.6.4 打印业务凭证和新存折
1.2.6.5 在特殊业务凭证上盖章
1.2.6.6 挂失申请书交客户签字
1.2.6.7 将新活期存折和身份证交客户

1.2.7 存款补登折
1.2.7.1 登折录入
1.2.7.2 打印存折
1.2.7.3 将存折交客户留存

1.3 处理个人人民币定期储蓄存款（整存整取、零存整取、存本取息、整存零取）业务

1.3.1 一般开户
1.3.1.1 接受并审核客户开户申请书和身份证
1.3.1.2 清点客户现金并核对金额
1.3.1.3 录入客户信息
1.3.1.4 打印存单和开户申请书
1.3.1.5 在客户申请书上盖章，在存单上盖存单专用章
1.3.1.6 将存单和身份证交客户

1.3.2 一般销户
1.3.2.1 接受客户存单和身份证
1.3.2.2 录入销户信息
1.3.2.3 打印取款凭证和利息清单
1.3.2.4 清点现金并核对金额
1.3.2.5 将取款凭证交客户签字
1.3.2.6 在签字后的取款凭证上盖章，在利息清单上盖柜员名章
1.3.2.7 将利息清单、现金和身份证交客户留存

1.4 处理个人定期一本通业务

1.4.1 开户
1.4.1.1 接受并审核开户申请书和身份证
1.4.1.2 清点客户递交的现金并核对金额
1.4.1.3 录入开户信息
1.4.1.4 打印开户申请书和定期一本通
1.4.1.5 将定期一本通和身份证交客户

1.4.2 有折续存
1.4.2.1 清点客户递交的现金
1.4.2.2 录入续存信息
1.4.2.3 打印存款凭证和一本通存折
1.4.2.4 将存款凭证交客户签字
1.4.2.5 在签字后的凭证上盖章
1.4.2.6 将一本通存折交客户

1.4.3 有折支取

1.4.3.1 录入支取信息

1.4.3.2 打印取款凭证、存款凭证、定期一本通存折和利息清单

1.4.3.3 清点现金并核对金额

1.4.3.4 将取款凭证交客户签字

1.4.3.5 在签字后的取款凭证和存折凭证上盖章

1.4.3.6 将存折、现金和利息清单交客户

1.4.4 销户

1.4.4.1 录入销户信息

1.4.4.2 打印取款凭证、定期一本通存折和清单

1.4.4.3 清点现金并核对金额

1.4.4.4 将取款凭证交客户签字

1.4.4.5 在签字后的凭证上盖章，在利息清单上盖柜员名章

1.4.4.6 破坏定期一本通存折磁条完整性

1.4.4.7 将利息清单、现金和身份证交客户留存

1.5 处理教育储蓄业务

1.5.1 开户

1.5.1.1 接受并审核客户开户申请书和身份证

1.5.1.2 接受存款现金并核对金额

1.5.1.3 录入开户信息

1.5.1.4 打印教育储蓄存折和开户申请

1.5.1.5 在开户申请上盖章，在存折上盖存折专用章

1.5.1.6 将教育储蓄存折和身份证交给客户

1.5.2 有折续存

1.5.2.1 清点客户递交的现金并核对金额

1.5.2.2 录入续存信息

1.5.2.3 打印存款凭证和教育储蓄存折

1.5.2.4 将存款凭证交客户签字

1.5.2.5 在签字后的存款凭证上盖章

1.5.2.6 将教育储蓄存折交客户留存

1.5.3 销户

1.5.3.1 录入销户信息

1.5.3.2 打印取款凭证、教育储蓄存折和利息清单

1.5.3.3 清点现金并核对金额

1.5.3.4 将取款凭证交客户签字

1.5.3.5 在签字后的取款凭证和利息清单上盖章，利息清单上盖柜员名章

1.5.3.6 将利息清单、现金和身份证交客户

1.6 处理个人存款挂失业务

1.6.1 接受挂失申请

1.6.1.1 接受并审核挂失申请书和身份证
1.6.1.2 录入账户信息
1.6.1.3 打印挂失申请书和收费凭证
1.6.1.4 收取挂失手续费
1.6.1.5 盖相关业务章
1.6.1.6 将相关资料交给客户

1.6.2 处理挂失的撤销

1.6.2.1 接受并审核挂失申请书和身份证
1.6.2.2 批注销户挂失原因
1.6.2.3 录入账户信息
1.6.2.4 票据入箱

1.7 处理外汇活期储蓄存款业务

1.7.1 开户

1.7.1.1 接受开户申请书、开户资料和外管局开户核准件并初审
1.7.1.2 将上述资料连同客户递交的印签卡一起加盖名章后送会计主任批
1.7.1.3 接受主任审核后的资料，录入信息
1.7.1.4 打印开户记录
1.7.1.5 在预留印签卡、国家外管局批件及外汇登记证上填写账号、开户核准件号码，在相关开户资料上加盖业务章并复印留存
1.7.1.6 将客户提交的正本资料连同申请书第一联退还客户
1.7.1.7 输入账户最高限额
1.7.1.8 将印签卡交相关保管人员，将申请书、各项留存复印件、外管局核准件整理后交专人保管

1.7.2 销户

1.7.2.1 接受客户提交的销户核准件等资料
1.7.2.2 初审资料，并交主管会计审批
1.7.2.3 接受经主管会计签字并加盖销户审批专用章的资料
1.7.2.4 系统操作，输入销户账号及资金去向
1.7.2.5 打印记付利息凭证
1.7.2.6 在客户填写的外币划款凭证或支取凭证上填写本息合计数，办理款项划转或结汇
1.7.2.7 登记账户销户事项，加盖业务章，连同资料交给客户
1.7.2.8 将全部正副本印签卡抽出加盖“账户结清”章，同销户申请书一起附当日传票后装订
1.7.2.9 抽出原开户资料并注明销户日期后另行专夹归档处理
1.7.2.10 打印账户对账单交客户

1.8 处理外汇定期存款业务

1.8.1 开户

1.8.1.1 接受客户提交的支取凭证和申请表

1.8.1.2 审核支取凭证上加盖的签章与预留印签是否一致

1.8.1.3 输入开立定期存款的各项要素，并提交系统

1.8.1.4 根据系统提示打印“定期存款证实书”，连同支取凭证和申请表一并交会计主管审核无误后，在定期存款证实书上加盖专用章

1.8.1.5 将支取凭证第二联盖章后连同定期存款证实书一并交给客户

1.8.2 销户

1.8.2.1 接受客户提交的定期存款证实书

1.8.2.2 抽出留存的定期存款证实书第三联卡片联，与客户提交的核对

1.8.2.3 核验证实书上加盖的签章与“存款申请表”留存印签是否一致

1.8.2.4 输入开立定期存款的账号、资金去向及其他要素，提交系统

1.8.2.5 结清定期存款

1.8.2.6 根据系统注销存单，打印利息清单及贷记通知

1.8.2.7 在计息凭证和贷记通知上加盖业务章后交给客户

1.9 处理个人消费贷款业务

1.9.1 小额抵押贷款开户

1.9.1.1 审核客户身份证、个人贷款综合账户申请书

1.9.1.2 在申请书上盖名章

1.9.1.3 填写贷款抵押品收据和表外科目收入凭证

1.9.1.4 授权人确认申请书并盖名章和公章，在抵押品收据和表外科目收入凭证上盖名章

1.9.1.5 录入开户信息

1.9.1.6 在合同上填写合同编号

1.9.1.7 录入发放信息

1.9.1.8 盖业务章

1.9.1.9 授权人确认并在个人贷款借款凭证上盖名章

1.9.1.10 将相关资料交客户

1.9.2 小额抵押贷款全部归还后抵押账务处理

1.9.2.1 审核客户提交材料并填写表外科目付出凭证

1.9.2.2 授权人复核表外科目付出凭证并盖名章

1.9.2.3 录入信息

1.9.2.4 打印清单和存折

1.9.2.5 在利息清单上盖章

1.9.2.6 将身份证、存折和利息清单交给客户

1.9.3 小额抵押贷款展期

1.9.3.1 录入个人小额展期贷款信息

1.9.3.2 在借款凭证上批注新的到期日和利息率并盖名章

1.9.3.3 交客户签名确认

1.9.3.4 将展期合同和凭证交借款人留存

1.9.4 住房贷款发放

1.9.4.1 审核客户递交的个人住房贷款凭证的内容、要素
1.9.4.2 录入住房贷款发放信息
1.9.4.3 打印住房贷款凭证，加盖名章
1.9.4.4 查询还款计划表信息
1.9.4.5 打印贷款人还款计划表
1.9.4.6 填制表外科目收入凭证
1.9.4.7 授权人确认并加盖名章
1.9.4.8 录入表外单笔收款信息
1.9.5 住房贷款提前归还
1.9.5.1 清点现金并核对金额
1.9.5.2 录入住房贷款还款信息
1.9.5.3 打印还款凭证
1.9.5.4 将还款凭证交客户签字
1.9.5.5 在还款凭证上加盖业务章
1.9.5.6 将他项权利登记和还款凭证第三联交客户
1.10 处理其他个人贷款业务（农村信用社）
1.10.1 联保贷款业务处理
1.10.1.1 接受申请
1.10.1.2 开展调查
1.10.1.3 审查审批
1.10.1.4 签订联保贷款协议
1.10.1.5 贷款出账
1.10.2 农机具贷款业务处理
1.10.2.1 接受申请
1.10.2.2 开展调查
1.10.2.3 协助审查审批
1.10.2.4 签订农机具贷款协议
1.10.2.5 贷款出账
1.10.3 小额农户信用贷款业务处理
1.10.3.1 接受申请
1.10.3.2 开展调查借款人具备的条件
1.10.3.3 协助审查审批
1.10.3.4 签订农机具贷款协议
1.10.3.5 贷款出账
1.11 处理个人 VIP 账户业务
1.11.1 开户
1.11.1.1 接收并审核申请书和身份证
1.11.1.2 出卡
1.11.1.3 清点客户提交的现金并核对金额

1.11.1.4 在申请书上盖业务公章

1.11.1.5 现金分票入箱

1.11.1.6 录入开户信息

1.11.1.7 打印开户申请书、年费收费凭证和对账本

1.11.1.8 盖业务章

1.11.1.9 将相关资料交客户留存

1.11.2 销户

1.11.2.1 接收并审核客户提交的身份证和申请书

1.11.2.2 录入销户信息

1.11.2.3 现金出箱

1.11.2.4 清点现金并审核金额

1.11.2.5 打印特殊业务凭证、对账簿和利息清单

1.11.2.6 将特殊业务凭证交客户签字

1.11.2.7 盖业务公章和柜员名章

1.11.2.8 破坏 VIP 账户卡的完整性

1.11.2.9 将相关资料交给客户留存

1.12 处理单位活期存款业务

1.12.1 开户

1.12.1.1 接收开户申请资料

1.12.1.2 审核申请资料

1.12.1.3 将印鉴卡交客户盖章留印

1.12.1.4 盖法人名章和公司公章

1.12.1.5 录入单位开户信息

1.12.1.6 报人民银行审批

1.12.1.7 审批通过，将企业基本账户卡和手续费发票交给客户

1.12.2 销户

1.12.2.1 接收客户递交的申请及相关资料

1.12.2.2 审核申请书和空白重要凭证清单，核实没有应收未收利息、应贷款等事项，核实各项费用全部结清后，结计利息入客户账户并将账户余额告知客户，请客户填制划款凭证（加盖预留印鉴）

1.12.2.3 审核划款凭证、校验预留印鉴，办理划款手续

1.12.2.4 在销户申请书上加盖名章，交主管审核

1.12.2.5 录入单位销户信息，打印计付利息清单

1.12.2.6 将空白重要凭证切角作废，销记“开销户登记簿”

1.12.2.7 将一联销户申请书交给客户

1.12.3 转账

1.12.3.1 收下客户提交的转账凭证

1.12.3.2 审核凭证

1.12.3.3 进行转账交易处理，并加盖印鉴

1.12.3.4 将回单联交给客户

1.12.3.5 把贷方凭证作为机制传票的原始凭证

1.12.4 同城网内业务

1.12.4.1 接收客户递交的支票

1.12.4.2 审核支票和进账单填写内容是否完整

1.12.4.3 录入同城网外信息

1.12.4.4 打印进账单

1.12.4.5 盖业务章

1.12.4.6 支票打码

1.12.4.7 交换场审核

1.12.4.8 审核通过后支票金额自动入账，通知企业取款

1.13 处理单位定期存款业务

1.13.1 开户

1.13.1.1 接收客户申请

1.13.1.2 初核申请

1.13.1.3 交主管审核

1.13.1.4 接受主管审核后的申请书，进行开户处理

1.13.1.5 查询并建立客户信息

1.13.1.6 打印单位定期存款凭证交主管审核

1.13.1.7 将主管审核后签章的单位定期存款凭证客户联交给客户

1.13.1.8 整理归类凭证

1.13.2 销户

1.13.2.1 接受客户提交的资料

1.13.2.2 校验印鉴、审核单位定期存款凭证

1.13.2.3 使用单位定期存款销户交易进行销户处理

1.13.2.4 根据系统提示打印利息清单和销户记录

1.13.2.5 签章后将利息清单回单联、进账单或转账凭证回单联交给客户

1.13.2.6 在单位定期存款凭证上加盖结清戳记，整理归类凭证

1.14 处理单位通知存款业务

1.14.1 开户

1.14.1.1 接受客户提交的一式二联的单位通知存款申请书

1.14.1.2 审核申请书是否正确，交主管审核

1.14.1.3 进行开户处理

1.14.1.4 查询并建立客户信息

1.14.1.5 打印单位通知存款凭证交主管审核

1.14.1.6 主管审核无误签章

1.14.1.7 柜员将单位通知存款凭证交给客户

1.14.1.8 整理归类凭证

1.14.2 存入

1.14.2.1 接收客户提交的待机凭证和通知存款取款通知方法约定书
1.14.2.2 审核相关要素
1.14.2.3 检验预留印鉴
1.14.2.4 录入划款信息
1.14.2.5 打印证实书
1.14.2.6 在证实书上盖柜员名章并交复核审核
1.14.2.7 将证实书第二联交客户留存

1.14.3 全额支取
1.14.3.1 接收并审核客户提交的资料
1.14.3.2 审核存款证实书，预留银行印鉴
1.14.3.3 使用“同城网内转账单笔贷”交易或者“单位定期单笔取款”交易办理支取手续
1.14.3.4 打印利息清单、银行利息支出凭证、单位利息收入凭证以及“单位定期存款支取凭证”。同时将利息清单、单位利息收入凭证、支取凭证回单联签章后一并交给取款单位，将证书收回，两联证实书注明结清字样，一并作为“单位通知存款支取凭证”借方传票的附件
1.14.3.5 通过交易查询代付利息，通过交易查询存款证实书内容是否正确；交易查询单位通知存款分户账户，明细账务信息

1.14.4 部分支取
1.14.4.1 接受客户提交的通知存款取款书和证实书
1.14.4.2 审核相关要素
1.14.4.3 录入通知信息
1.14.4.4 在取款通知书上填写日期后盖银行公章
1.14.4.5 一天或七天后，录入划款信息
1.14.4.6 打印利息清单、单位利息收入凭证
1.14.4.7 将利息清单和单位支取凭证回单交给客户

1.15 处理对公贷款业务

1.15.1 贷款发放
1.15.1.1 接受信贷部门交来的有关材料：借款凭证、贷款审批表、贷款申请书
1.15.1.2 审核资料
1.15.1.3 使用一般贷款发放交易进行贷款发放和入账处理，代扣印花税
1.15.1.4 在借贷方凭证上加盖转讫章，入账凭证上加盖业务章
1.15.1.5 整理归档凭证：借贷方凭证为记账的传票，贷款审批书为机制传票的原始凭证和附件，专夹保管贷款卡，定期核对

1.15.2 贷款收回
1.15.2.1 贷款到期，系统自动结息并扣收本息
1.15.2.2 收下信贷部门提交的还款凭证

1.15.2.3 审核还款凭证

1.15.2.4 使用贷款还款交易进行还款处理

1.15.2.5 在还款凭证上签章，将有关联交信贷部门

1.15.2.6 在贷款卡上做还款记录，还款凭证的借贷凭证作为入账的依据，如果贷款全部还清，则将贷款卡作为传票附件

1.15.3 处理农业经济组织贷款（农村信用社）

1.15.3.1 接受申请

1.15.3.2 调查借款人贷款条件

1.15.3.3 审查审批

1.15.3.4 签订联保贷款协议

1.15.3.5 贷款出账

1.15.4 处理农村工商业贷款（农村信用社）

1.15.4.1 接受申请

1.15.4.2 开展调查

1.15.4.3 审查审批

1.15.4.4 签订联保贷款协议

1.15.4.5 贷款出账

1.16 处理日终业务

1.16.1 结平现金

1.16.1.1 清点现金实物

1.16.1.2 核对电子钱箱和实物钱箱余额

1.16.1.3 上缴钱箱及现金

1.16.1.4 业务主管复点

1.16.2 核对重要空白凭证

1.16.2.1 账实核对

1.16.2.2 打印柜员重要空白凭证轧账单

1.16.3 结平账务

1.16.3.1 检查平账器

1.16.3.2 打印报表

1.16.3.3 整理核对交易清单

2. 银行卡业务与服务

2.1 识别银行卡

2.1.1 识别银联卡

2.1.1.1 识别发卡机构

2.1.1.2 识别卡组织

2.1.1.3 识别凸印区

2.1.1.4 识别签名条

2.1.2 识别银联标准卡和银联标识卡

2.1.2.1 识别银联标识

2.1.2.2 懂得卡号规定

2.2 银行卡营销服务

2.2.1 策划银行卡营销方案

2.2.1.1 细分市场

2.2.1.2 选择营销策略和方式

2.2.1.3 设计营销策略

2.2.2 掌握银行卡营销技巧

2.2.2.1 发现并筛选目标客户

2.2.2.2 与客户沟通

2.2.2.3 维系客户关系

2.2.2.4 筛选客户

2.2.2.5 向客户推销银行卡

2.3 处理银行卡非金融交易

2.3.1 受理信用卡申请业务

2.3.1.1 受理客户信用卡申请

2.3.1.2 审核相关材料

2.3.1.3 送交卡部专职人员复审

2.3.2 信用卡发卡

2.3.2.1 编制制卡信息和制卡清单

2.3.2.2 制卡人员领取空白卡片

2.3.2.3 制卡并生成密码

2.3.2.4 发卡部门清点签收

2.3.2.5 发卡

2.3.3 信用卡开卡

2.3.3.1 指导客户拨打客服热线

2.3.3.2 指导客户输入相关信息

2.3.4 信用卡补卡和挂失

2.3.4.1 掌握电话挂失流程

2.3.4.2 指导客户按照系统操作

2.3.5 银行卡查询

2.3.5.1 受理银行卡查询业务

2.3.5.2 审核持卡人身份及卡片

2.3.5.3 进行系统操作

2.3.6 银行卡密码挂失与重置

2.3.6.1 受理业务

2.3.6.2 审核客户身份、银行卡及挂失申请表

2.3.6.3 进行系统操作

2.3.6.4 进行后续处理

2.3.7 银行卡换卡

2.3.7.1 复核客户账户资料

2.3.7.2 通知客户是否同意换卡

2.3.7.3 挽留客户

2.3.8 信用卡销户

2.3.8.1 受理业务

2.3.8.2 审核客户身份、银行卡、销户申请表

2.3.8.3 完成销户操作

2.3.8.4 进行后续处理

2.4 处理信用卡金融交易

2.4.1 银行卡取款

2.4.1.1 受理银行卡取款业务

2.4.1.2 审核客户身份及卡片

2.4.1.3 进行系统操作

2.4.1.4 支付款项

2.4.1.5 进行后续处理

2.4.2 银行卡存（还）款

2.4.2.1 受理银行卡存（还）款业务

2.4.2.2 辨别货币真伪与清点现金

2.4.2.3 进行银行卡系统操作

2.4.2.4 进行后续处理

2.4.3 银行卡转账

2.4.3.1 受理转账业务

2.4.3.2 操作转出卡取现业务

2.4.3.3 操作转入卡存现业务

2.4.3.4 进行后续处理

2.5 管理银行卡风险（骨干）

2.5.1 信用卡透支管理

2.5.1.1 区分恶意与善意透支

2.5.1.2 运用催收方式对欠款有效催收

2.5.1.3 处理呆坏账

2.5.2 银行卡欺诈风险管理

2.6 银行卡客户服务

2.6.1 受理咨询业务

2.6.1.1 受理业务

2.6.1.2 核实客户资料

2.6.1.3 查询数据库

2.6.1.4 答复客户

2.6.1.5 进行后续处理

2.6.2 受理投诉业务

2.6.2.1 受理客户投诉

2.6.2.2 核实客户资料

2.6.2.3 记录投诉内容

2.6.2.4 具备应对客户投诉的技巧

2.6.3 受理账务调整业务

2.6.3.1 受理业务

2.6.3.2 甄别交易差错

2.6.3.3 查询、调整账务

2.6.3.4 答复客户

2.6.4 对外呼出业务

2.6.4.1 受领任务

2.6.4.2 分配任务

2.6.4.3 对外呼出

2.6.4.4 进行后续处理

2.7 农民工银行卡业务服务（农村信用社）

2.7.1 处理农民工银行卡基本业务（与普通银行卡基本一致）

2.7.2 实施农民工银行卡金融业务（与普通银行卡基本一致）

3. 银行结算业务与服务

3.1 处理同城支票结算业务

3.1.1 处理转账支票业务

3.1.1.1 接票

3.1.1.2 审核支票和进账单

3.1.1.3 进入电脑交易，输入信息，将进账单第二、三联进行交换

3.1.1.4 盖业务章和柜员名章

3.1.2 打印凭证及支票的同城清算

3.1.2.1 打印支票背面信息

3.1.2.2 使用中国人民银行大额支付或小额支付系统

3.1.2.3 打印支票

3.1.2.4 加盖有关印章

3.1.3 处理同城交换的业务

3.1.3.1 处理同城票据交换提出业务（收方记账和付方记账）

3.1.3.2 处理同城票据交换提回业务（收方记账和付方记账）

3.2 处理同城贷记凭证结算业务

3.2.1 同城票据清算提入贷记凭证

3.2.1.1 同城票据交换提回进账单，认真审核进账单

3.2.1.2 在操作系统选择“借记过渡”功能交易界面，录入有关信息

3.2.1.3 打印贷记凭证

3.2.1.4 作会计分录

3.2.2 打印支付系统专用凭证

3.2.2.1 收到人民银行转来汇款信息，确认密码正确、账号和户名一致

3.2.2.2 接收清算行为本行，金额无误

3.2.2.3 在操作界面上选择相应的功能键，输入有关信息

3.2.2.4 打印凭证

3.2.3 处理联行来账凭证

3.2.3.1 收到系统内银行发来汇款信息，确认密码正确、账号和户名一致

3.2.3.2 接收清算行为本行、金额无误

3.2.3.3 在操作界面上选择相应的功能键，输入有关信息

3.2.3.4 打印凭证

3.2.4 定期贷记代发工资

3.2.4.1 在操作界面选择“代发工资”，输入有关信息

3.2.4.2 代发工资资金划账

3.2.4.3 通过代发工资批量开户交易，将款项转入职工个人储蓄账户，作分录

3.2.4.4 打印凭证

3.2.5 定期贷记代付保险金

3.2.5.1 根据业务种类按规定审核无误

3.2.5.2 在操作界面选择“网内付款贷记过渡录入”交易，录入相关信息

3.2.5.3 确认信息无误后执行“提交”命令，系统自动打印有关凭证

3.2.5.4 作会计分录

3.2.5.5 将收账通知送交收款人

3.3 处理银行本票结算业务

3.3.1 签发转账银行本票

3.3.1.1 受理客户提交的银行本票申请书

3.3.1.2 审核银行本票申请书及客户账户余额

3.3.1.3 进入系统操作界面，交易录入

3.3.1.4 办理扣账手续，签发本票。本票凭证一式两联，第一联卡片，第二联本票，以第二联申请书作借方凭证，第三联作贷方凭证

3.3.1.5 收取手续费和工本费

3.3.1.6 登记表外科目

3.3.1.7 交付客户

3.3.2 签发现金银行本票

3.3.2.1 客户填制银行本票申请书

3.3.2.2 客户现金交付，出纳柜员审查凭证，同时收取手续费和工本费，点收现金无误

3.3.2.3 办理收款记账

3.3.2.4 打印凭证

3.3.2.5 签发现金银行本票

3.3.2.6 登记表外科目

3.3.3 转账银行本票的付款和结清

3.3.3.1 受理本票和进账单

3.3.3.2 审核本票各项内容

3.3.3.3 在第一联进账单上加盖“受理业务专用章”后，作为回单退还给持票人

3.3.3.4 提交“转账存入”交易

3.3.3.5 提交“提出代付”交易

3.3.3.6 提交“提出代付票据复核”交易

3.3.3.7 将本票按照票据交换的规定及时提出交换，作会计分录

3.3.4 银行本票未用退回

3.3.4.1 受理业务

3.3.4.2 提交交易

3.4 处理银行汇票结算业务

3.4.1 签发汇票

3.4.1.1 受理银行汇票申请

3.4.1.2 审核汇票申请书

3.4.1.3 系统操作，输入信息

3.4.1.4 盖章

3.4.1.5 银行汇票申请书第一联作存根交给申请人，第二联作借方凭证，第三联作贷方凭证

3.4.1.6 在操作界面选择“结算业务——银行汇票——复核”

3.4.1.7 加盖个人印章，并由复核人员在一式三联“银行汇票申请书”上加盖“转讫”章

3.4.1.8 打印汇票

3.4.2 处理系统内转账银行汇票的付款

3.4.2.1 接票

3.4.2.2 审核

3.4.2.3 核押

3.4.2.4 进入操作界面，输入相关信息

3.4.2.5 盖业务章

3.4.3 处理系统内现金银行汇票的付款

3.4.3.1 接票

3.4.3.2 审核银行汇票和支付凭条

3.4.3.3 由专人对所接到的银行汇票进行核押

3.4.3.4 在操作界面选择“结算业务——银行汇票——兑付”输入相关信息

3.4.3.5 将汇票按实际结算金额入账

3.4.3.6 持票人按实际结算金额支取现金

3.4.4 结清银行汇票

3.4.4.1 接票

3.4.4.2 抽出原专夹保管的汇票卡片（第一联），核对确属本行出票，实际结算金额与借方报单相符，作业务处理

3.4.4.3 进入电脑界面操作，作对应销记处理

3.4.5 处理银行汇票的核销、退款、挂失与解挂业务

3.4.5.1 处理银行汇票的核销业务

3.4.5.2 处理银行汇票的退款业务

3.4.5.3 处理银行汇票的解失与挂失业务

3.5 处理汇划业务

3.5.1 处理发报

3.5.1.1 审核业务委托书的相关要素

3.5.1.2 录入发报

3.5.1.3 在委托书上盖章

3.5.1.4 将委托书回单联交给客户留存

3.5.2 收报

3.5.2.1 掌握收报涵义

3.5.2.2 录入收报信息

3.5.2.3 打印凭证

3.5.2.4 在凭证上盖柜员名章

3.5.2.5 将凭证第二联交客户留存

3.6 处理商业汇票结算业务

3.6.1 签发银行承兑汇票

3.6.1.1 审核承兑申请

3.6.1.2 与出票人签署银行承兑协议

3.6.1.3 审查各要素并收取保证金

3.6.1.4 在汇票上注明承兑协议编号，并加盖名章及经办人员章

3.6.1.5 收取手续费；登记表外科目账；汇票及协议专夹保管

3.6.2 处理到期银行承兑汇票

3.6.2.1 划回保证金

3.6.2.2 扣收票款

3.6.2.3 填制特征转账凭证扣收

3.6.2.4 收到持票人银行寄来的委托收款凭证，作委托收款的付款业务处理

3.6.3 受理发出委托收款

3.6.3.1 客户提交委托收款凭证及银行承兑汇票

3.6.3.2 柜员审核凭证

3.6.3.3 在各联凭证上加盖戳记

3.6.3.4 系统操作（按发出委托收款业务处理）

3.6.4 收到划回票款的处理

3.6.4.1 收到承兑银行寄来的报单及委托收款凭证

3.6.4.2 审核收到的凭证

3.6.4.3 系统操作（按委托收款款项划回处理）

3.6.5 银行承兑汇票未用退回

3.6.5.1 客户提交未用银行承兑汇票

3.6.5.2 柜员审查并核对

3.6.5.3 销记表外科目登记簿

3.6.5.4 将保证金退出票人员

3.6.6 银行承兑汇票挂失

3.6.6.1 客户提交挂失止付通知书

3.6.6.2 核对汇票底卡与协议相符，确认未付款后受理业务

3.6.6.3 收取挂失手续费，打印收费凭证

3.6.6.4 相关凭证签章后退回客户

3.7 处理汇兑结算业务

3.7.1 处理电汇业务

3.7.1.1 处理汇出行发出汇兑款项

3.7.1.2 处理汇入行收到汇兑款项

3.7.2 处理信汇业务

3.7.2.1 处理汇出行发出汇兑款项

3.7.2.2 处理汇入行收到汇兑款项

3.8 处理委托收款业务

3.8.1 处理委托收款人开户行相关业务

3.8.1.1 处理发出委托收款业务

3.8.1.2 处理收到委托收款划回业务

3.8.2 处理付款人开户行相关业务

3.8.2.1 处理发出、收到委托收款结算凭证业务

3.8.2.2 处理委托收款到期付款业务：系统操作

3.9 处理托收承付业务

3.9.1 处理收款人开户行相关业务

3.9.1.1 处理发出托收承付

3.9.1.2 处理发出托收承付的款项划回

3.9.1.3 处理托收承付核销

3.9.2 处理付款人开户行相关业务

3.9.2.1 处理收到托收承付结算凭证

3.9.2.2 处理托收承付到期付款

4. 国际结算业务与服务

4.1 审核与填制国际结算票据

4.1.1 审核汇票（本票、支票）

4.1.1.1 审核无条件支付命令

4.1.1.2 审核付款人名称、地址及收款人的姓名

4.1.1.3 审核出票日期和地点

4.1.1.4 审核金额、货币、付款期限、付款地点

4.1.1.5 审核出票人的签章

4.1.2 填制汇票（本票、支票）

4.1.2.1 填制编号

4.1.2.2 填制大小写金额

4.1.2.3 填制付款期限

4.1.2.4 填制受款人

4.1.2.5 填制商品名称、数量和出票条款

4.1.2.6 填制付款人

4.1.2.7 出票人签字

4.2 用不同的结算方式处理国际结算业务

4.2.1 用汇付方式进行结算

4.2.1.1 处理 T/T 业务

4.2.1.2 处理 M/T 业务

4.2.1.3 处理 D/D 业务

4.2.2 用托收方式进行结算

4.2.2.1 处理 D/P 业务

4.2.2.2 处理 D/A 业务

4.2.3 用信用证方式进行结算

4.2.3.1 开立信用证

4.2.3.2 审核信用证（真伪、资信、条款、内容表达）

4.2.3.3 审核跟单信用证的单据

4.2.3.4 处理信用证支付业务

4.2.3.5 履行理赔业务操作

4.3 处理国际结售汇业务（骨干）

4.3.1 办理售汇业务

4.3.1.1 办理境内企业即期结汇

4.3.1.2 办理境内企业即期售汇

4.3.1.3 办理境内企业远期结售汇

4.3.1.4 审核结售汇业务的单证和票据

5. 银行中间业务与服务

5.1 处理一般银行代理业务

5.1.1 代收代付（天然气费、水费、有线电视费、移动话费、学校学杂费、网络费、物业费等等）

5.1.1.1 处理代收业务：审核相关交费凭条或交费单、进行相关资金划拨

5.1.1.2 处理代发业务：办理相关存款账户、存入代发资金、收取手续费、办理工资划转手续

5.2 处理银行代理基金业务

5.2.1 向客户介绍基金

5.2.1.1 介绍基金的种类

5.2.1.2 介绍基金的区别和特点

5.2.1.3 向客户推荐适合的基金

5.2.2 回答客户关于各种基金的问题

5.2.2.1 解释期限和收益

5.2.2.2 解释发行规模

5.2.2.3 分析交易价格

5.2.2.4 描述折价风险

5.2.2.5 分析买卖途径

5.2.2.6 解释流动性

5.2.3 代理客户开立基金账户和基金交易账户

5.2.3.1 代理银行柜台开户

5.2.3.2 代理网上银行开户

5.2.4 在银行认购（申购、赎回）开放式基金

5.2.4.1 处理银行柜台认购开放式基金

5.2.4.2 计算基金认购费用和认购份额

5.2.4.3 处理银行柜台开放式基金申购

5.2.4.4 计算申购费用

5.2.4.5 处理银行柜台赎回开放式基金

5.2.4.6 计算赎回金额和赎回费用

5.2.4.7 处理银行柜台办理定期定额申购

5.2.4.8 处理银行柜台办理开放式基金转换

5.2.5 办理开放式基金其他业务

5.2.5.1 查询开放式基金交易明细

5.2.5.2 变更开放式基金权益分配方式

5.2.5.3 办理基金账户的挂失/解挂、更换和补办

5.2.5.4 办理开放式基金的转托管

5.2.6 注销基金账户

5.2.6.1 核对销户材料

5.2.6.2 完成基金销户操作

5.3 处理银行代理国债业务

5.3.1 向客户介绍国债

5.3.1.1 介绍银行代理发行和兑付的各种债券种类

5.3.1.2 讲解各类债券的投资、收益和风险

5.3.2 凭证式国债发行

5.3.2.1 审核凭证要素

5.3.2.2 使用公章

5.3.3 国债的代购

5.3.3.1 审核客户的身份证、存折或银行卡

5.3.3.2 处理银行柜台记账式国债的购买

5.3.3.3 处理银行储蓄国债的购买

5.3.3.4 正确使用公章

5.3.4 国债的卖出

5.3.4.1 处理凭证式国债提前兑取

5.3.4.2 计算利息

5.3.4.3 处理记账式国债的卖出

5.3.5 到期国债的兑付

5.3.5.1 计算兑付利息

5.3.5.2 处理兑付

5.3.6 国债投资的收益计算

5.3.6.1 计算不同投资期限国债收益

5.4 处理银行代理保险业务

5.4.1 向客户介绍保险

5.4.1.1 介绍保险产品

5.4.1.2 向客户分析各保险产品（包括分红型保险、万能型保险、投资连结型保险、旅行交通意外伤害保险、家庭财产保险）的特点

5.4.2 代理保险投保

5.4.2.1 指导客户填写投保单和《保险费委托代收授权书》

5.4.2.2 审核银行保险投保单及其他客户提交的材料

5.4.2.3 通知客户缴纳保费、领取保单

5.4.3 代收首期保费

5.4.3.1 掌握代收首期保费的注意事项

5.4.3.2 会代收首期保费

6. 银行后台柜员业务与服务

6.1 熟悉银行后台柜员业务基本背景

6.1.1 熟悉银行后台柜员业务工作背景

6.1.1.1 熟悉银行良好的硬件工作环境

6.1.1.2 注意着装、仪态，树立员工良好的外在形象

6.1.1.3 能在银行繁忙的工作状态下保证业务的正确性

6.1.2 熟悉银行后台柜员业务制度环境

6.1.2.1 按后台柜员基本操作规则办理后台柜员业务

6.1.2.2 弄清银行后台柜员内部制约制度的内容

6.1.3 明确银行业务引起的资金运动

6.1.3.1 认识银行法规定商业银行可以经营的主要业务

6.1.3.2 认识基本会计等式：资产 = 负债 + 所有者权益

6.1.3.3 认识会计等式：利润 = 收入 - 费用

6.2 认识会计账目和账户

6.2.1 熟悉银行后台柜员运用的会计科目

6.2.1.1 熟记银行会计科目的名称和编号

6.2.1.2 分析各种会计科目的类别

6.2.2 熟悉银行后台柜员运用的会计账户

6.2.2.1 认识账户的格式和结构

6.2.2.2 计算账户四个金额要素的数额

6.2.2.3 分清各种账户的类别，熟练对账户进行分类

6.3 掌握借贷记账法在银行业务核算中的运用

6.3.1 选用借贷记账法核算银行业务

6.3.1.1 熟练运用“借”、“贷”记账符号

6.3.1.2 认识并运用借贷记账法的记账规则

6.3.1.3 能够通过编制试算平衡表进行试算平衡

6.3.1.4 运用借贷记账法正确编制会计分录

6.3.1.5 准确判断运用表外科目进行核算的范围，并熟练进行表外科目核算

6.4 制作会计凭证

6.4.1 认识会计凭证

6.4.1.1 识别会计凭证的类别及作用

6.4.1.2 熟记原始凭证的基本内容和格式

6.4.1.3 识别原始凭证的种类

6.4.1.4 熟记记账凭证的基本内容

6.4.1.5 识别记账凭证的种类和格式

6.4.2 银行传票的填制和审核

6.4.2.1 掌握银行传票的填制要求

6.4.2.2 会填制银行传票

6.4.2.3 熟悉银行传票审核要点

6.4.2.4 会审核银行传票

6.4.2.5 会正确处理经审核后的银行传票

6.4.3 会计凭证的传递与保管

6.4.3.1 熟悉各种会计凭证的传递与处理程序

6.4.3.2 能按规定程序传递和处理会计凭证

6.4.3.3 掌握保管会计凭证的要点

6.4.3.4 会正确保管会计凭证

6.5 登记银行账簿

6.5.1 银行账簿的归类

6.5.1.1 识别序时账簿（包括总账和分户账）、分类账簿和备查簿

6.5.1.2 识别定本式账簿、活页式账簿和卡片式账簿

6.5.1.3 识别三栏式账簿、数量金额式账簿、多栏式账簿和平行式账簿

6.5.2 银行账簿的登记

6.5.2.1 明确银行账簿登记的一般要求

6.5.2.2 按规定方法登记银行现金收入日记账和现金付出日记账

6.5.2.3 按规定方法登记分类账

6.5.2.4 登记记录簿

6.5.3 更正错账

6.5.3.1 运用划线更正法更正错账

6.5.3.2 运用红字冲账法更正错账

6.5.3.3 运用补充登记法更正错账

6.6 掌握银行会计报表

6.6.1 掌握会计报表归类、格式和内容

6.6.1.1 掌握银行会计报表归类

6.6.1.2 认识银行资产负债表的格式和内容

6.6.1.3 认识银行利润表的格式和内容

6.6.1.4 认识银行现金流量表的格式和内容

6.6.2 掌握主要银行会计报表的编制

6.6.2.1 明确会计报表的编制要求，并能按要求编制会计报表

6.6.2.2 准确确定资产负债表各项目的资料来源

6.6.2.3 能根据各损益类科目的发生额填列本年度利润表各项目的“本期金额栏”

6.7 掌握银行会计档案

6.7.1 掌握银行会计档案的归类

6.7.1.1 按会计档案的类别分别装订会计档案

6.7.1.2 向会计档案管理部门移交会计档案

6.7.2 懂得银行会计档案的查阅和复制

6.7.2.1 按规定办理会计档案查阅、复制事务

6.7.2.2 明确各种会计档案的保管期限，并严格按会计档案保管期限保管会计档案

6.7.2.3 准确列出应该予以销毁的会计档案，并按规定程序销毁会计档案

6.8 处理银行会计出纳业务

6.8.1 银行出纳收款和付款

6.8.1.1 做好银行出纳收款工作

6.8.1.2 做好银行出纳付款工作

6.8.2 银行出纳其他工作

6.8.2.1 做好银行出纳的现金整点、挑残工作

6.8.2.2 做好银行出纳的票币兑换工作

6.8.2.3 做好银行出纳交接工作

6.9 处理银行柜员间业务用现金及凭证的调剂
- 6.9.1 银行柜员间业务用现金的调剂
  - 6.9.1.1 明确银行柜员间业务用现金的调剂的情形
  - 6.9.1.2 掌握银行柜员间业务用现金的调剂的情形
- 6.9.2 银行柜员间业务用凭证的调剂
  - 6.9.2.1 明确银行柜员间业务用凭证的调剂的情形
  - 6.9.2.2 掌握银行柜员间业务用凭证的调剂的情形

6.10 核算个人储蓄业务
- 6.10.1 个人储蓄存款业务归类
  - 6.10.1.1 认识活期储蓄
  - 6.10.1.2 认识定期储蓄
  - 6.10.1.3 认识定活两便储蓄
- 6.10.2 个人储蓄存款业务的会计处理
  - 6.10.2.1 核算活期储蓄存款业务
  - 6.10.2.2 核算定期储蓄存款业务
  - 6.10.2.3 核算利息税
  - 6.10.2.4 做好储蓄所的结账工作

6.11 核算对公存款业务
- 6.11.1 银行存款账户的开立与管理
  - 6.11.1.1 对银行存款账户进行归类
  - 6.11.1.2 开立银行存款账户
- 6.11.2 活期存款的核算
  - 6.11.2.1 核算支票户存取现金业务
  - 6.11.2.2 核算存折户存取现金业务
  - 6.11.2.3 核对账务
- 6.11.3 定期存款的核算
  - 6.11.3.1 核算存入定期存款
  - 6.11.3.2 核算支取定期存款
- 6.11.4 存款利息的计算
  - 6.11.4.1 计算活期存款利息
  - 6.11.4.2 计算定期存款利息

6.12 核算支付结算业务
- 6.12.1 票据业务核算
  - 6.12.1.1 核算支票结算业务
  - 6.12.1.2 核算银行本票结算
  - 6.12.1.3 核算银行汇票结算
  - 6.12.1.4 核算商业汇票结算
- 6.12.2 其他支付结算方式的核算
  - 6.12.2.1 核算汇兑业务

6.12.2.2 核算委托收款业务

6.12.2.3 核算托收承付业务

6.12.2.4 核算信用卡

6.13 核算外汇存款业务（骨干）

6.13.1 设计外汇存款业务核算的环境

6.13.1.1 选择记账本位币

6.13.1.2 确认汇兑损益

6.13.1.3 明确汇兑损益的归属

6.13.1.4 选择外币存款业务的记账方法

6.13.1.5 设置核算外汇存款业务的会计科目

6.13.2 外汇存款业务的会计处理

6.13.2.1 核算甲种外汇存款业务

6.13.2.2 核算乙种外汇存款业务

6.13.2.3 核算丙种外汇存款业务

6.13.2.4 核算人民币特种存款业务

6.13.2.5 核算外汇专户存款业务

6.14 核算国际结算业务（骨干）

6.14.1 国际汇兑结算业务的核算

6.14.1.1 核算汇出国外款项业务

6.14.1.2 核算汇入国外款项业务

6.14.2 出口托收与进口代收业务的核算

6.14.2.1 核算出口托收业务

6.14.2.2 核算进口代收业务

6.14.3 信用证结算业务的核算

6.14.3.1 核算进口信用证业务

6.14.3.2 核算出口信用证业务

6.15 核算银行内部往来业务（骨干）

6.15.1 联行往来业务

6.15.1.1 认识联行往来

6.15.1.2 日常核算

6.15.1.3 联行往来对账

6.15.2 系统内电子联行往来业务

6.15.2.1 认识资金汇划清算系统

6.15.2.2 熟悉资金汇划清算系统业务使用的凭证和科目设置

6.15.2.3 汇划款项及清算资金

6.15.2.4 调拨系统内资金及计算利息

6.15.3 金融机构往来

6.15.3.1 明确金融机构往来的核算要求

6.15.3.2 核算缴存存款业务

6.15.3.3 核算向中央银行借款业务

6.15.3.4 核算同城票据清算业务

6.15.4 农信银资金清算（农村信用社）

6.15.4.1 掌握如何签发农信银系统银行汇票

6.15.4.2 处理实时汇兑业务

6.15.4.3 处理通存通兑业务

7. 银行个人投资理财业务与服务

7.1 提供理财顾问服务

7.1.1 财务分析

7.1.1.1 收集客户资料，帮助客户回顾其财务状况，了解客户的风险及流动性偏好

7.1.1.2 设定理财目标（当前理财需求、未来理财需求及终生理财需求）

7.1.1.3 分析家庭财务报表（包括家庭资产负债表、现金流量表、各财务比率）

7.1.2 制定理财策划书

7.1.2.1 明确理财规划要考虑的因素：预算、税务、现金和信贷管理、保险、退休和遗产等

7.1.2.2 掌握当前理财产品的种类、特点及所蕴含的风险

7.1.2.3 根据客户对流动性、风险收益及期限的要求，提出恰当的投资建议

7.1.3 推介投资产品

7.1.3.1 了解理财产品所针对的目标客户

7.1.3.2 根据不同的客户群体，制定不同的营销策略

7.1.4 管理理财风险

7.1.4.1 向客户说明资产投资可能面临的风险

7.1.4.2 对客户信息及是否适合购买某一理财产品进行评估，并制定评估报告

7.1.4.3 对客户投资理财产品提出风险告示的口头和书面意见

7.1.4.4 对理财服务销售的产品提出风险揭示

7.1.5 监督理财规划的执行

7.1.5.1 推行理财计划，包括制定实施的时间表和确定各负责人

7.1.5.2 监察理财计划，并将实施结果及时与客户沟通

7.2 提供综合理财服务（骨干）

7.2.1 介绍人民币理财产品

7.2.1.1 介绍人民币理财产品的种类（与股票挂钩、与外汇挂钩及与利率挂钩）

7.2.1.2 介绍人民币理财产品的特点及风险

7.2.2 介绍外币理财产品

7.2.2.1 介绍外币理财产品的种类（与股票挂钩、与外汇挂钩及与利率挂钩）

7.2.2.2 介绍外币理财产品的特点及风险

模块二 保险代理业务与服务

1. 财产保险代理业务与服务

1.1 代理财产损失保险（企业财产保险、家庭财产保险、机动车辆保险、货物运输保险、其他财产损失保险）

1.1.1 向客户介绍财产损失保险各险种

1.1.1.1 向客户介绍保险的功能和作用，各险种的含义、保险范围、保险责任、除外责任

1.1.1.2 帮客户计算各险种保险金额、保费

1.1.1.3 向客户解释投保过程中的疑难问题

1.1.2 保险展业

1.1.2.1 分析所处地区的经济状况，调查民众的保险意识，确定合理的代理业务

1.1.2.2 深入调查，了解客户的情况

1.1.2.3 通过多种方式积极联系客户，努力争取见面的机会

1.1.2.4 解答客户的疑问，尽力促成投保，努力通过客户向他人推广

1.1.2.5 维持客户关系，将客户当成自己的好朋友，适时问候与回访

1.1.3 促成投保

1.1.3.1 向客户详细解释保险合同的条款，提醒各种注意的事项（除外责任等），帮助其了解保单等保险合同的内容，并推荐合适的保费支付方式

1.1.3.2 指导客户提交投保所需资料

1.1.3.3 指导客户填写投保单

1.1.3.4 给出准客户风险状况的初步评价

1.1.4 协助理赔

1.1.4.1 收到被保险人的保险事故通知时，及时处理并通知保险人

1.1.4.2 协助填写理赔申请表并收取相关申请文件

1.1.4.3 审核保险责任

1.1.4.4 进行损失调查

1.1.4.5 确定理赔金额

1.1.4.6 处理损余

1.1.4.7 进行代位求偿

1.1.5 保险客户服务

1.1.5.1 提供咨询服务

1.1.5.2 提供风险规划与管理服务

1.1.5.3 提供接报案、查勘与定损服务

1.1.5.4 提供核赔服务

1.1.5.5 处理客户投诉

1.2 代理责任保险（公众责任保险、产品责任保险、雇主责任保险、职业责任保险）

1.2.1 向客户介绍责任保险

1.2.1.1 向客户介绍责任保险的功能和作用，各险种的含义、保险范围、保险责任、除外责任

1.2.1.2 帮客户计算各险种赔偿限额、保费

1.2.1.3 解释投保过程中的疑难问题

1.2.2 掌握保险操作流程（具体操作和1.1.2～1.1.5要求一致）

1.3 代理信用保证保险（一般商业信用保险和出口信用保险）

1.3.1 向客户介绍保证保险

1.3.1.1 向客户宣传保证保险知识，包括投保保证保险的功能和作用，各险种的含义、保险范围、保险责任、除外责任

1.3.1.2 介绍信用保证保险与一般财产保险的区别

1.3.1.3 计算各险种保险金额、保费

1.3.1.4 解释投保过程中的疑难问题

1.3.2 出口信用保险操作

1.3.2.1 掌握出口信用保险的操作流程

1.3.2.2 审核客户资料，并将资料递交给保险人

1.3.2.3 出具承保意向书

1.3.2.4 协助客户签署保险协议和担保协议

1.3.2.5 协助处理索赔

1.3.2.6 履行权益转让

1.4 代理保证保险

1.4.1 向客户介绍保证保险各险种（合同保证保险、产品质量保证保险、忠诚保证保险）

1.4.1.1 介绍保证保险险种的概念、保险责任、除外责任

1.4.1.2 确定各险种保险金额与保费

1.4.1.3 解释投保过程中的疑难问题

1.4.2 掌握信用保险操作流程（具体操作和1.1.2～1.1.5一致）

2. 人身保险代理业务与服务

2.1 代理人寿保险

2.1.1 开拓保户

2.1.1.1 获取客户姓名等资料

2.1.1.2 了解客户是否具备成为可保客户的条件（身体健康、具有保险需求、有支付能力、便于拜访等）

2.1.1.3 对客户进行拜访，电话拜访、登门拜访、信函拜访等

2.1.2 促成投保

2.1.2.1 向客户详细解释保险合同的条款，提醒各种注意的事项，帮助其了解保单等保险合同的内容，并推荐合适的保费支付方式（准备一份单独的建议书，使准客户认为建议书是根据其实际情况制定的）。必要的时候与客户共同计算收益，使其明晰购买保险所获得的保障

2.1.2.2 要求客户提交投保所需资料（身份证明文件、健康证明文件等）

2.1.2.3 指导客户填写投保单，然后给出准客户风险状况的初步评价，与投保单一起递交给公司内勤部门核保部或承保部

2.1.3 协助理赔

2.1.3.1 收到被保险人的保险事故通知时，及时处理并通知保险人

2.1.3.2 会协助客户填写理赔申请表并收取相关申请文件

2.1.3.3 索赔文件不齐全时，通知客户补齐相关文件

2.1.3.4 待保险人核准给付时，通知客户领取理赔款

2.1.4 保险客户服务

2.1.4.1 提供咨询服务

2.1.4.2 进行风险规划与管理服务

2.1.4.3 进行接报案、查勘与定损服务

2.1.4.4 提供核赔服务

2.1.4.5 处理客户投诉

2.2 代理年金保险（骨干）

2.2.1 客户挖掘，向客户介绍年金保险的基本知识

2.2.1.1 掌握年金保险基本概念

2.2.1.2 了解年金保险的特征特点

2.2.1.3 掌握年金保险的分类

2.2.2 履行年金保险业务（步骤和 2.1.1 ~2.1.4 相同）

2.3 代理人身意外伤害保险

2.3.1 向客户介绍人身意外伤害保险的基本知识

2.3.1.1 介绍人身意外伤害保险的概念、特点和分类

2.3.1.2 介绍人身意外伤害保险和财产保险的相同和不同

2.3.1.3 根据客户具体情况推荐投保产品

2.3.2 履行人身意外伤害保险业务（步骤和 2.1.1 ~2.1.4 相同）

2.4 代理健康保险（骨干）

2.4.1 向客户介绍健康保险的基本知识

2.4.1.1 介绍健康保险的概念、特点和分类

2.4.1.2 解释健康保险的特殊条款内容

2.4.1.3 根据客户情况推荐保险险别

2.4.2 履行健康保险业务（步骤和 2.1.1 ~2.1.4 相同）

模块三　证券代理与咨询服务

1. 证券代理业务与服务

1.1 证券开户岗业务

1.1.1 证券（股票）账户的开立

1.1.1.1 向申请开户的客户说明需要提供的相关资料

1.1.1.2 帮助客户准备材料

1.1.1.3 向客户解释需要签署的文件

1.1.1.4 履行证券交易账户的开立操作

1.1.1.5 管理交易账户

1.1.2 证券（股票）资金账户的开立

1.1.2.1 向申请开户的客户说明需要提供的相关资料

1.1.2.2 帮助客户准备材料

1.1.2.3 向客户解释需要签署的文件

1.1.2.4 履行证券交易账户的开立操作

1.1.2.5 管理资金账户

1.1.3 第三方存管的开立

同上

1.2 证券委托岗业务

1.2.1 根据投资者委托进行证券交易买卖

1.2.2 配合委托岗与相关岗位的工作

1.2.3 查询证券委托的成交结果

1.2.4 向客户说明可以采用的委托方式及需要客户签署的文件

1.2.5 根据竞价程序完成股票成交

1.2.6 处理证券过户与清算

1.3 证券咨询岗业务

1.3.1 接受客户的相关咨询要求

1.3.2 配合其他岗位的工作

1.3.3 将相关咨询内容送交相关部门

1.3.4 处理咨询结果

1.3.5 向客户反馈并解释

2. 股票、债券与基金交易的代理与咨询

2.1 代理股票交易及投资

2.1.1 向客户介绍股票的基本知识

2.1.1.1 向客户解释股票交易程序和特点

2.1.1.2 给客户介绍股票的种类（包括 A 股、B 股、H 股、N 股、S 股、国有股、流通股与非流通股及股票指数等）及其各自的突出特征

2.1.1.3 向客户解释公司发行股票的动机与原因

2.1.1.4 向客户解释购买股票的收益来源及其风险

2.1.1.5 向客户解释股票的交易途径与方式

2.2 代理与咨询债券交易

2.2.1 向客户介绍债券的基本知识

2.2.1.1 向客户介绍债券的品种及其属性

2.2.1.2 向客户说明债券交易的途径与交易方式

2.2.1.3 向客户解释债券投资的收益来源与风险特征

2.2.1.4 向客户介绍债券的报价与收益率

2.2.1.5 向客户解释债券估值的基本方法

2.2.1.6 向客户解释利率变化对债券价格的影响

2.2.2 熟悉行情表

2.2.2.1 登录债券行情表

2.2.2.2 了解债券的基本资料及其要素

2.2.2.3 掌握债券的报价

2.2.3 选择债券的交易方式

2.2.3.1 掌握证券交易所债券现货交易的委托与成交

2.2.3.2 了解债券柜台交易的询价、委托与成交

2.2.3.3 了解银行间债券市场现货交易与回购交易的委托与成交

2.2.4 计算债券收益率

2.2.4.1 掌握债券息票率

2.2.4.2 掌握债券当期收益率的计算

2.2.4.3 了解债券到期收益率的含义与计算

2.2.4.4 了解债券要求收益率的含义与计算

2.3 代理与咨询证券投资基金交易

2.3.1 能向客户解释证券投资基金的基本知识

2.3.1.1 能向客户说明投资基金的估值标准与方法

2.3.1.2 能向客户解释投资基金的风格与品种选择（骨干）

2.3.2 代理开放式基金交易

2.3.1.2 向客户介绍证券投资基金的品种及其风格

2.3.2.2 向客户解释开放式基金的申购与赎回操作流程

2.3.2.3 向客户解释开放式基金的费率及其申购与赎回份额的计算

2.3.2.4 计算开放式基金的收益

2.3.2.5 查阅基金的基本资料

2.3.2.6 查阅基金的业绩评级结果并向客户解释基金的品种选择与估值标准

2.3.2.7 向客户解释基金投资的收益来源与风险特征

2.3.3 掌握封闭式基金的特征及其交易过程

2.3.3.1 向客户解释封闭式基金的报价与委托

2.3.3.2 计算封闭式基金的收益

2.3.4 掌握主要新兴基金的特征与交易

2.3.4.1 掌握指数基金的特征与交易

2.3.4.2 掌握 ETF、LOF 等基金的特征与交易（骨干）

3. 证券分析与咨询（骨干）

3.1 分析宏观经济走势

3.1.1 通过相关途径查阅宏观经济指标（如 GDP、CPI、PPI、M2、利率等）

3.1.1.1 掌握查询数据的方法

3.1.1.2 懂得运用网络资源查询宏观经济指标

3.1.2 根据所掌握的指标对经济运行状况进行初步分析与预测

3.1.2.1 掌握衡量宏观经济形势的相关指标

3.1.2.2 理解国民生产总值、财政收支、国际收支、经济增长率、失业率、通货膨胀率、利率、汇率等指标的经济意义

3.1.3 根据对宏观经济运行状况的预测进行证券选择

3.1.3.1 向客户解释各主要宏观经济指标及其含义

3.1.3.2 向客户解释国家宏观经济政策与经济周期

3.1.4 分析证券投资结果

3.1.4.1 分析投资收益

3.1.4.2 反思投资结果，调整投资策略

3.2 分析行业动态

3.2.1 选择两个不同的行业

3.2.1.1 掌握了解行业的概念、划分标准以及行业生命周期

3.2.1.2 掌握我国的行业划分的标准和方法

3.2.1.3 懂得行业选择的原则和方法

3.2.2 分析行业发展

3.2.2.1 通过公开披露的信息查阅这两个行业的基本资料

3.2.2.2 阅读行业分析报告

3.2.2.3 对这两个行业过去几年来的赢利能力与水平进行比较

3.2.2.4 根据对宏观经济周期的预测分析这两个行业的未来赢利能力

3.2.3 进行投资决策

3.2.3.1 分析我国证券市场上股价指数及各分类指标

3.2.3.2 分析行业的市场类型和生命周期及与宏观经济的关系

3.2.3.3 分析行业发展与股价变化

3.2.3.4 将分析过程与结论向客户进行展示

3.2.3.5 根据分析结果进行投资选择

3.2.4 对投资结果进行分析总结

3.2.4.1 分析投资收益

3.2.4.2 反思投资结果，调整投资策略

3.3 分析公司前景

3.3.1 选择一到两家同行业内有代表性的公司

3.3.2 分析公司发展

3.3.2.1 了解公司的财务报表：资产负债表、损益表与现金流量表

3.3.2.2 了解公司的主要财务指标及其含义

3.3.2.3 利用财务软件对所选公司财务报表进行比较分析

3.3.2.4 分析、比较这两家公司的主要财务指标

3.3.3 进行投资决策

3.3.3.1 运用市盈率法与市净值法对投资价值进行比较分析

3.3.3.2 根据分析结果选择投资对象

3.3.3.3 将分析结果向客户展示

3.3.4 对投资结果进行分析总结

3.3.4.1 分析投资收益

3.3.4.2 反思投资结果，调整投资策略

3.4 分析技术指标

3.4.1 选择代表性证券

3.4.2 登录证券行情分析系统，进行技术分析

3.4.3 分析 K 线

3.4.4.1 分析蜡烛图的走势

3.4.4.2 根据 K 线组合判断股价走势

3.4.4 分析移动平行线

3.4.4.1 计算移动平行线

3.4.4.2 能根据移动平行线分析判断买入卖出时机

3.4.6 图形分析

3.4.6.1 分析股价走势的各种图形（反转形态、整理形态和缺口形态各类图形）

3.4.6.2 根据图形变化分析判断股价走势

3.4.7 指标分析

3.4.7.1 分析相对强弱指标、平滑异动平均线指标、随机指标

3.4.7.2 根据指标分析判断股票走势

3.4.8 根据分析结果进行投资决策

3.4.9 对交易结果进行分析总结

3.4.9.1 分析投资收益

3.4.9.2 反思投资结果，调整投资策略

3.5 掌握融资融券的操作与风险控制（骨干）

3.5.1 处理融资融券

3.5.2 向客户说明融资融券的风险与收益

3.5.3 计算融资融券操作中的保证金

3.5.4 处理追补保证金

二、中等职业学校专业教师教学能力

1. 课程设计

1.1 开展行业分析，确定专业培养目标

1.1.1 开展行业联系，认识行业发展动态

1.1.1.1 分析行业发展对金融事务专业人才的需求

1.1.1.2 关注金融行业动态，了解行业发展的新岗位、新技能

1.1.2 明确金融事务专业的社会作用、市场前景

1.1.2.1 了解本专业的社会定位及市场发展前景

1.1.2.2 了解本专业职业对社会的贡献

1.1.3 进行金融事务职业分析

1.1.3.1 明确金融事务涉及的职业领域

1.1.3.2 分析相关就业岗位的服务项目、任务

1.1.4 明确专业培养目标（课程目标）

1.1.4.1 明确金融事务专业学生应具备的职业能力

1.1.4.2 明确金融事务专业学生应具备的职业道德素质、法律意识和其他人文素质

1.1.4.3 阐述金融事务专业培养目标

1.2 筛选课程内容

1.2.1 解读工作任务和职业能力分析成果

1.2.1.1 明确单项能力的操作步骤、活动内容

1.2.1.2 明确单项能力所需的相关理论知识、技能和应具备的职业道德规范

1.2.2 提出课程教学目标和表现性目标考核的评价标准

1.2.3 分析专业课程的设置可能会用到的资源

1.2.3.1 分析可能用到的材料

1.2.3.2 分析可能用到的设备

1.2.3.3 分析可能需要的教学人员、实训指导人员

1.3 组织专业课程内容

1.3.1 横向组织课程内容

1.3.1.1 按照专业化方向（银行、证券、保险）组织知识点、技能点与态

度点
1.3.1.2 形成不同专业化方向（银行、证券、保险）的专业基础课程和专业实践课程
1.3.1.3 整合课程，确定必修课、选修课，形成专业课程体系
1.3.1.4 根据专业培养目标和能力整合形成需要，确定实训项目
1.3.2 纵向组织课程内容
1.3.2.1 确定专业教学阶段性目标
1.3.2.2 制订专业教学进度计划
1.4 编写课程教学大纲
1.4.1 编写课程概述
1.4.1.1 明确课程名称、所属专业
1.4.1.2 阐明该课程性质及在整个专业培养方案中的位置
1.4.1.3 阐明该课程的教学目标和任务
1.4.1.4 阐明该课程的先修课与后续课
1.4.2 编写课程的教学内容
1.4.2.1 明确课程培养目标
1.4.2.2 根据课程培养目标，分析专业岗位、任务
1.4.2.3 确定任务完成的步骤，分析完成任务应具备的知识、技能和态度
1.4.2.4 确定章节教学内容
1.4.2.5 对知识、技能和态度进行分析，确定知识技能重点及难点
1.4.2.6 根据知识重点和难点，预设每一章课后作业
1.4.3 编写该课程学习效果评价方式
1.4.3.1 能根据课程特点确定课程考核形式
1.4.3.2 能根据学生学习特点确定成绩评定方法
1.4.4 编写课时安排与分配
1.4.4.1 能根据专业培养目标、课程内容分配理论学时、实践学时、总学时
1.4.4.2 能根据专业培养目标确定实训内容与学时
1.4.5 编写课程教学建议
1.4.5.1 提出教学组织建议
1.4.5.2 提出教学方法建议
1.4.5.3 提出实践教学建议
1.4.5.4 提出教学评价建议
1.4.6 编写教学资源
1.4.6.1 搜集和分析相关教学材料
1.4.6.2 选用恰当的教材
1.4.6.3 根据教材选择恰当的教学参考资料和书籍
1.5 形成专业培养方案
1.5.1 分析专业设置必要性与可行性
1.5.1.1 分析职业面向

1.5.1.2 分析可行性

1.5.2 阐明专业培养目标

1.5.2.1 阐述学制与招生对象

1.5.2.2 阐述专业培养目标

1.5.3 分析课程设置

1.5.3.1 阐述课程内容筛选过程

1.5.3.2 阐述课程内容（包括课程体系和教学进度安排）

1.5.4 编写专业课程教学大纲（见1.4）

1.5.5 编写有关说明

2. 制定授课计划

2.1 解读专业培养方案，明确本课程开设目的

2.1.1 明确专业培养目标

2.1.1.1 明确职业道德目标

2.1.1.2 明确职业能力目标

2.2 解读课程教学大纲，明确本课程培养目标

2.2.1 明确本课程的地位和作用

2.2.1.1 明确本课程的性质，本课程在该行业课程中的地位和作用

2.2.1.2 明确本课程与其他专业课程的相关性

2.2.1.3 明确本课程的预备知识和技能

2.2.2 明确本课程教学目标

2.2.2.1 明确本课程对应的专业实践能力

2.2.2.2 明确本课程与行业需求的联系

2.3 解读职业资格标准

2.3.1 了解国家职业资格标准框架

2.3.1.1 明确职业范围

2.3.1.2 明确职业要求

2.4 分析学情

2.4.1 准备学情分析

2.4.1.1 明确分析内容

2.4.1.2 掌握学情分析方法

2.4.2 分析学生学习准备情况

2.4.2.1 了解学生的年龄发展特征、心理发展特征、社会性发展特征

2.4.2.2 分析学生是否具备进行新的课程学习所必须掌握的知识、技能

2.4.2.3 了解学生对即将学习的专业课程熟知情况

2.4.2.4 了解学生对课程的学习兴趣和态度

2.4.3 分析学生学习风格（可运用 Felder 的学习风格测试表、访谈、观察、谈话等方式）

2.4.3.1 了解学生认知风格

2.4.3.2 了解学生情感风格
2.4.3.3 了解学生意动风格
2.4.3.4 了解学生生理性倾向
2.4.3.5 了解学生社会性倾向
2.4.4 呈现学情分析结果
2.4.4.1 记录学情分析过程
2.4.4.2 总结学情分析结果
2.5 解读教材，分析职业发展情况，提出课程内容处理或调整方案
2.5.1 分析教材的编写意图和教材的特点
2.5.1.1 分析教材的编写目的和要求
2.5.1.2 分析教材与其他专业教材的关系
2.5.2 分析职业发展情况
2.5.2.1 了解职业发展对新知识的要求
2.5.2.2 了解职业发展对新技能的要求
2.5.2.3 了解职业发展对职业态度的要求
2.5.3 根据实际需要开发教学内容
2.5.3.1 分析教材的深度和广度
2.5.3.2 根据学情分析结果，围绕课程教学目标，增加或删减部分内容，以适应学生实际需要
2.5.3.3 不断跟随专业最新发展方向的要求，更新教案和教学内容
2.6 分析课程内容，明确本课程授课计划
2.6.1 分析教材章、节、目结构
2.6.1.1 了解章节结构与课程教学目标的关系
2.6.1.2 把握教材的重点章节
2.6.1.3 把握章节结构之间的先后逻辑顺序
2.6.2 分析教材每章节授课内容
2.6.2.1 分析教学内容与专业实践能力目标的关系
2.6.2.2 分析每章节学生应掌握的实践能力
2.6.2.3 明确每节课授课内容以及根据能力标准应该获得的知识、技能和态度
2.6.2.4 确定每节课教学目标
2.6.2.5 结合教学目标、学情分析，确定每节教学的重点、难点
2.7 选择教学资源
2.7.1 根据教学内容，确定授课方式
2.7.2 根据授课方式，选择教学资源
2.7.2.1 确定教学硬件资源，如黑板、电脑、投影仪、教学内容相关的单据样板、各类票据、申请书空白件、凭证等
2.7.2.2 确定教学软件资源，如教学课件、各类银行操作系统软件（在授课计划中体现）

2.7.2.3 清理现有教学资源、规划，购买缺项教学资源

2.8 考虑其他制约因素，确定教学进度

2.8.1 确定本学期总教学课时数

2.8.1.1 根据学校教学进度表，明确本学期教学周数

2.8.1.2 根据教学安排，明确本学期每周教学时数

2.8.2 确定各章节的课时安排

2.8.2.1 统计每章节涉及的能力目标数量

2.8.2.2 分析每章节能力目标学习和掌握的难易

2.8.2.3 安排每章节教学课时数

3. 设计教案

3.1 明确教学目的

3.1.1 明确知识目标

3.1.1.1 明确陈述知识

3.1.1.2 明确程序知识

3.1.2 明确技能目标

3.1.2.1 明确心智技能

3.1.2.2 明确操作技能

3.1.3 明确态度目标

3.1.3.1 明确职业精神

3.1.3.2 明确职业信念

3.1.3.3 明确职业道德

3.2 分析职业活动特点

3.2.1 分析相关的职业岗位、任务

3.2.1.1 明确相关教学内容属于哪种岗位、哪一任务

3.2.1.2 明确任务完成的操作流程、步骤

3.2.1.3 明确完成该项任务应该具备的实践能力

3.2.2 明确教学内容和实践能力之间的逻辑关系

3.2.2.1 明确岗位能力对知识的要求与教学知识目标之间的对应

3.2.2.2 明确岗位能力对技能的要求与教学技能目标之间的对应

3.2.2.3 明确岗位能力对职业态度或行为规范要求与教学态度目标之间的对应

3.3 分析学习者

3.3.1 了解学生学习准备情况

3.3.1.1 通过各种渠道，了解学生对已学知识、技能的掌握、巩固程度

3.3.1.2 分析学生在即将学习的过程中可能会遇到的困难

3.3.2 了解学生学习期望

3.3.2.1 与学生进行交流，了解他们的学习期望

3.4 解读授课计划，明确教学内容、重点和难点

3.4.1 明确教学内容

3.4.1.1 根据教学计划确定的教学内容框架，组织详细的教学内容

3.4.2 明确教学重点

3.4.1.1 明确重点知识、重要或关键技能

3.4.1.2 拟定突出重点的教学措施

3.4.3 明确教学难点

3.3.3.1 明确知识难点、技能操作难点

3.3.3.2 分析难点形成原因

3.3.3.3 拟定突破难点的教学措施

3.4.4 根据教学内容、重点和难点，设计板书

3.4.4.1 板书设计合理、层次清楚、重点突出

3.5 制定教学策略

3.5.1 确定教学程序

3.5.1.1 根据每堂课的内容及相对应的职业活动特点，确定采用目标导向教学程序、项目导向教学程序还是问题导向教学程序

3.5.1.2 根据教学程序，结合书本内容，列出具体教学步骤与内容

3.5.2 确定每节课教学组织形式

3.5.2.1 熟悉各种教学组织形式（集体授课、个别教学、分组教学）

3.5.2.2 分析学生学习兴趣及学习需要

3.5.2.2 分析学生学习规律与学习风格

3.5.2.3 能根据学生学习情况和教学活动的整体优化原则确定恰当的教学组织形式

3.5.3 设计教学情境

3.5.3.1 懂得教学情境的功能和作用

3.5.3.2 了解教学情境的类别（故事化情境、活动化情境、生活化情境和问题化情境）

3.5.3.3 掌握一定的设计教学情境的技术（如运用材料变化、案例的运用，设计似是而非的问题）

3.5.3.4 能对课堂教学的开讲进行设计

3.5.3.5 能针对学生的差异设计课堂提问

3.5.3.6 能结合教学内容设计合适的教学案例

3.5.4 选用教学方法

3.5.4.1 掌握教学方法的分类

3.5.4.2 懂得教学方法的选择原则

3.5.4.3 了解各种教学方法所适应的情境

3.5.4.4 明确本堂课的教学目标和内容

3.5.4.5 把握本班级学生的心理特征、现有知识基础或认知结构

3.5.4.6 根据教学目的和内容、教学对象和教学条件等具体因素，考虑综合性、灵活性原则，选择比较合适的教学方法

3.5.5 选择教学媒体

3.5.5.1 明确教学媒体的教学特性

3.5.5.2 明确教学媒体的选择依据

3.5.5.3 掌握教学媒体的选择方法（如问题表法、流程图法、矩阵选择表法、经验之塔模型、算法型）

3.5.5.4 能根据教学内容、学校现有条件选择较为恰当的教学媒体

3.5.5.5 综合运用多种教学媒体满足教学要求

3.6 设计教学评价

3.6.1 明确评价对象和目的

3.6.1.1 明确是评价教学设计，还是教学过程，还是教学效果

3.6.1.2 明确评价目的和要求

3.6.2 设计评价内容

3.6.2.1 明确课程设计评价内容

3.6.2.2 明确教学设计评价内容

3.6.2.3 明确教学内容评价内容

3.6.2.4 明确教学过程评价内容

3.6.2.5 明确教学效果评价内容

3.6.3 设计评价标准

3.6.3.1 分解评价目标

3.6.3.2 对评价指标进行筛选归类，分出层次

3.6.3.3 讨论拟定的评价指标

3.6.3.4 实行与修订评价标准

3.6.4 设计评价方法

3.6.4.1 掌握不同评价方法的优点和不足

3.6.4.2 能根据评价目的选择一种或多种评价方法

4. 教学准备

4.1 准备教学资源

4.1.1 准备教学原材料、工具

4.1.1.1 准备教学过程中可能用到的材料，如货币、空白单据、银行卡、存折、汇票、本票、支票等

4.1.2 准备教学媒体

4.1.1.1 准备教具、粉笔、黑板刷

4.1.1.2 实验教学，应准备好实验室设施，如电脑、教学课件、银行网络操作系统软件

4.2 准备教学辅助材料

4.2.1 准备教学过程中涉及的教学参考资料

4.2.2 准备情景教学过程中涉及的道具，如柜台、工作制服

4.3 布置教学情境

4.3.1 策划教学中应采用哪些情境

4.3.1.1 明确教学目标、确立主题

4.3.1.2 了解学生需求

4.3.2 设计教学情境

4.3.2.1 明确教学情境的分类

4.3.2.2 收集与整理与教学情境相关的信息资料

4.3.2.3 设计情境方案

4.3.3 布置教学情境

4.3.3.1 将情境教学中涉及的道具摆放到正确的位置

4.3.3.2 检查教学情境的安全性

4.4 准备教具与学具

4.4.1 根据教学内容选择教具和学具

4.4.1.1 核实教具与学具的数量

4.4.1.2 检查教具和学具的安全性

4.4.2 懂得熟练使用教具和学具

4.4.2.1 掌握教具与学具的操作方法

4.4.2.2 会正确使用和操作教具与学具

5. 实施教学

5.1 导入新课

5.1.1 运用恰当方式导入新课

5.1.1.1 掌握常见的导入方法，如开门见山式、复习旧课导入新课式、故设悬念式、启发诱导式、故事导入式、谜语导入式、实验导入式等

5.1.1.2 能结合教学当时氛围、学生、教学目标的不同确定导入方式

5.2 情境导入

5.2.1 创设情境

5.2.1.1 明确情境主题

5.2.1.2 明确情境数量

5.2.1.3 明确情境难易度

5.2.1.4 明确情境真实性与生活化

5.2.2 呈现情境

5.2.2.1 引导学生感知情境

5.2.2.2 引导学生理解情境

5.2.2.3 引导学生深化情境

5.3 布置学习任务

5.3.1 阐述学习目的，提出学习要求

5.3.1.1 解释学习目的和学习过程

5.3.1.2 提出知识学习目标和任务

5.3.1.3 提出技能学习目标和任务

5.3.1.4 提出职业态度学习目标和任务

5.4 组织教学过程

5.4.1 组织教学内容

5.4.1.1 根据教案设计有序实施教学

5.4.1.2 教学内容阐述重点突出，思路清晰，有精讲与略讲。

5.4.1.3 在教学过程中能根据教学对象和条件的变化适时调整教学内容

5.4.2 合理分配和掌控教学时间

5.4.2.1 把握教学时间，按时完成教学计划

5.4.2.2 根据学生掌握知识情况灵活调整教学时间

5.4.3 运用教学资源

5.4.3.1 板书整齐，结构清晰

5.4.3.2 有效运用票据、单证等教学材料

5.4.3.3 熟练使用多媒体资源

5.4.4 维持教学秩序和营造良性互动的师生关系

5.4.4.1 引导学生自觉遵守纪律，维持良好的课堂教学秩序

5.4.4.2 观察学生学习投入程度，判断学生学习积极性

5.4.4.3 调动教学气氛，达到师生互动，提高学生学习的积极性、主动性

5.4.5 运用教学语言

5.4.5.1 使用普通话，发音准确、吐字清晰

5.4.5.2 语速适中，留下间隙，便于学生记笔记和思考

5.4.5.3 语言生动形象，能激发学生的兴趣

5.4.5.4 语言抑扬顿挫，具有启发性和说服力

5.4.6 运用非教学语言

5.4.6.1 能借助一定的表情、眼神、手势、姿态、动作等配合教学信息的传递

5.5 处理突发事件

5.5.1 及时发觉突发事件

5.5.1.1 观察课堂纪律和秩序

5.5.1.2 观察学生情绪变化

5.5.2 根据实际情况，因势利导、灵活巧妙地处理各种突发的意外情况

5.5.2.1 控制事态蔓延

5.5.2.2 总结事件原因，反思事件处理方式

5.6 课堂总结

5.6.1 总结本堂课的教学主要内容

5.6.1.1 归纳教学内容

5.6.1.2 强调重点教学内容

5.6.2 组织学生总结和教师答疑

5.6.2.1 组织小组讨论、分析在学习过程中学到的内容，对于还有疑问的

问题提出来请教师解答或供大家探讨

5.7 布置课外作业

5.7.1 选择验证性作业

5.7.1.1 练习题覆盖了本节课各知识点的所有学习目标层次

5.7.2 选择适量作业

5.7.2.1 练习题数量简洁、文字精练，表达准确、便于检测

5.7.3 增加探索性作业，以提升教学层次

5.7.3.1 在本课堂已学知识基础上，布置需要通过借助其他学习途径如网络、相互协作才能完成的作业

6. 教学评价

6.1 回顾教学过程

6.1.1 回顾每堂课、每个模块单元的教学活动情况

6.1.1.1 关注关键环节

6.1.1.2 关键主要细节

6.2 调查教学效果（含批阅作业）

6.2.1 了解学生学习状况

6.2.1.1 了解学生对知识的理解、巩固、应用是否达到了教学要求

6.2.1.2 了解学生对实践技能的掌握是否达到教学要求

6.2.1.3 善于从作业中发现学生的知识和能力的缺陷，获取反馈信息

6.3 将教学过程和效果与预设的教案进行对比，进行课后反思

6.3.1 反思教学效果

6.3.1.1 反思教学目的

6.3.1.2 反思教学重点突出情况

6.3.1.3 反思教学难点掌握情况

6.3.2 反思教学方法

6.3.2.1 反思教学方法的合理性、科学性

6.3.2.2 总结不足，提出教学方法改进方案

6.4 根据教案中设计的评价方法、评价内容和评价标准进行评价分析

6.6.1 处理资料信息

6.6.1.1 分类整理信息资料

6.6.1.2 运用数学、统计手段，进行数字加工和统计

6.6.1.3 绘制统计图表

6.6.2 分析评价结果

6.6.2.1 列出评价项目的分数统计表

6.6.2.2 分析评价者的优点和不足，写出概括性评语

6.6.2.3 分析诊断教学中存在的问题，找出原因

6.6.3 书写评价分析报告

6.6.3.1 掌握评价分析报告的格式

6.6.3.2 完成评价分析报告

6.5 反馈调整

6.5.1 向被评价者反馈评价结论和分析意见

6.5.1.1 肯定教学能力优点

6.5.1.2 提出今后工作改进的建议

6.5.2 向主管领导反馈信息，将评价结果作为今后教学决策和管理的依据

6.5.3 向教学评价组织（教务处、专家或同行）反馈评价中遇到的问题，提出改进教学评价设计的意见

7. 教学指导

7.1 说课

7.1.1 准备说课

7.1.1.1 了解说课模式

7.1.1.2 准备说课步骤和内容

7.1.2 进行说课

7.1.2.1 从专业人才培养计划的全局出发说本课程的分工，本课程与先修课程与后续课程的衔接和配合

7.1.2.2 说本课程教学目标

7.1.2.3 说教材和教学参考资料

7.1.2.4 说本节课教学对学生知识、技能和情感态度的要求

7.1.2.5 说本节课教学内容的组织与安排

7.1.2.6 说本节课的教学重点、难点及解决办法

7.1.2.7 说本节课教学策略的选择和运用目的、实施过程、实施效果

7.1.2.8 能写出本课的板书设计，并说出设计的思路

7.1.2.9 说教学中如何利用单证、票证等教具

7.1.2.10 说课外辅导方法、作业、考试考查方式

7.1.2.11 实践教学课程，要说明相对于教学内容（实验或实践项目名称和学时）的课程组织形式与教师指导方法、考核内容与方法、教学创新与特点等。实践教学条件能否满足教学要求；能否进行开放式教学，预期效果

7.1.3 展示说课艺术和教学特长

7.1.3.1 控制说课时间

7.1.3.2 突出说课重点

7.1.3.3 说出自己教学特长和创新，将教学设计过程中最精彩的部分说出来

7.1.4 展示说课材料

7.1.4.1 将说课的教案、教学大纲、教材和主要教学参考资料、授课计划、助教助学多媒体课件及其他教具展示给专家和同行

7.2 上示范课（骨干教师）

7.2.1 做好示范课前的准备工作

7.2.1.1 示范授课计划

7.2.1.2 示范教案设计

7.2.1.3 示范教学准备

7.2.2 完成示范课

7.2.2.1 示范教学理念

7.2.2.2 示范教学内容

7.2.2.3 示范教学形式和方法

7.2.2.4 示范突发事件处理

7.3 评课

7.3.1 拟定评课计划

7.3.1.1 明确评课的目的

7.3.1.2 拟定评课内容

7.3.1.3 拟定评课方法和步骤

7.3.2 实施评课

7.3.2.1 评教学目标

7.3.2.2 评教材处理，包括对教材内容的准确把握、教材组织是否恰当、教学重点是否突出

7.3.2.3 评教学态度

7.3.2.4 评教学策略的选择和运用（教学程序、教学形式、教学方法、教学情境设计、教学资源运用）

7.3.2.5 评教学组织能力（板书、语言表达、非语言表达、多媒体操作、调节课堂氛围）

7.3.2.6 评教学机智和表现力

7.3.2.7 评教师自身专业知识、技能与知识面掌握情况

7.3.3 撰写评课报告

7.3.3.1 拟好评课提纲

7.3.3.2 总结所听课的特点、经验或不足

7.3.3.3 提出评课建议

7.4 组织和指导参赛

7.4.1 明确指导教师职责和任务

7.4.1.1 研究和制订指导方案

7.4.1.2 指导学生正确认识参赛的目的和意义

7.4.2 指导学生了解参赛程序

7.4.2.1 把握参赛流程

7.4.2.2 指导学生设计参赛规划

7.4.3 指导学生掌握参赛知识、技能和态度

7.4.3.1 指导参赛学生理解和掌握专业知识

7.4.3.2 指导参赛学生熟练实践操作技能

7.4.3.3 指导参赛学生遵守职业道德和行为规范

7.4.4 指导学生总结参赛经验

7.4.4.1 指导学生总结参赛成绩

7.4.4.2 指导学生总结参赛经验和教训

7.5 主持精品课建设（骨干教师）

7.5.1 明确精品课程建设目标

7.5.1.1 明确课程在职业能力培养中所处的地位、作用和价值

7.5.1.2 明确精品课程的职业能力培养目标

7.5.1.3 课程应体现职业性、技术的应用性和示范性的特点

7.5.2 把握精品课程建设原则

7.5.2.1 把握精品课程建设的引领性、职业性、共享性原则

7.5.3 研究课程教学内容与体系，包括教材建设

7.5.3.1 明确课程对应的职业岗位指向和职业能力要求

7.5.3.2 构建以职业岗位作业流程为导向的教学模块，形成模块化课程结构

7.5.3.3 课程内容渗透职业标准的要求，适时吸纳新知识、新技术、新工艺、新材料、新设备和新标准

7.5.3.4 课程内容反映职业道德、安全规范

7.5.4 建设师资队伍

7.5.4.1 设计合理的师资队伍结构

7.5.4.2 围绕“双师型”队伍建设要求，提高教师教学能力和专业实践能力

7.5.4.3 引导教师参与各类培训和师资再教育

7.5.5 完善精品课程相关的教学资料建设

7.5.5.1 完善教师教案、习题、实验（习）指导，参考文献目录建设

7.5.5.2 完善授课录像、教学课件等网上资源的建设

7.6 组织实习实训活动

7.6.1 拟定实习实训活动的方案

7.6.1.1 明确实习实训活动的目的

7.6.1.2 拟定实习实训活动的内容与保障措施

7.6.1.3 选择实习实训方式

7.6.1.4 编写实习实训任务指导书

7.6.2 组织学生完成实习实训

7.6.2.1 掌握校外实习的纪律要求和规定，并向学生传达纪律和规定

7.6.2.2 带领和引导学生进行校外实习

7.6.2.3 指导学生完成校外实习报告

7.6.3 主动联系校外实习单位

7.6.3.1 联系校外实习单位，开拓实习场所

7.6.3.2 为校外实习安排出谋划策

7.7 指导青年教师（骨干教师）

7.7.1 拟定指导青年教师的方案

7.7.1.1 进行青年教师教学能力现状分析

7.7.1.2 拟定指导计划和实施步骤

7.7.2 实施教学工作的指导

7.7.2.1 指导教师完成课程设计、制订授课计划，设计教案、进行教学准备、课程内容设计等

7.7.2.2 指导教师完善教学方法和手段，有效组织教学

7.7.2.3 回答教师在专业知识、技能和职业态度上的问题

7.7.3 实施教研、科研指导

7.7.3.1 为青年教师提供选题、合作研究等方面的指导

7.7.3.2 在研究方向和个人发展上提供相应的指导意见

7.7.4 评价指导工作

7.7.4.1 反思指导效果

7.7.4.2 改进指导方案

8. 教学研究（骨干教师）

8.1 提出教研课题、立项

8.1.1 确定研究课题

8.1.1.1 善于分析教学过程，从分析中查找问题

8.1.1.2 转变观念，树立“问题即课题”的科研理念

8.1.2 展开课题立项

8.1.2.1 阐述研究目标

8.1.2.2 阐述研究背景

8.1.2.3 阐述研究价值和意义

8.1.2.4 设计研究计划和步骤

8.2 组织开展教研活动

8.2.2 开展多种形式的教研活动

8.2.2.1 组织开展听课、说课活动

8.2.2.2 组织开展课件制作竞赛、教案设计竞赛、教研论文评选等活动

8.2.2.3 组织开展教学研讨、交流

8.2.2.4 开展集体备课

8.2.3 展开研究分析

8.2.3.1 研究的材料和数据，指出存在的问题

8.2.3.2 剖析问题产生原因，研究解决对策

8.2.3.3 得出研究结论

8.3 撰写研究报告

8.3.1 起草研究报告结构框架

8.3.1.1 整体把握研究报告构成模块

8.3.1.2 明确写作思路

8.3.2 撰写书面报告

8.3.2.1 掌握写作规范

8.3.2.2 懂得写作方式

8.4 应用研究成果

8.4.1 研究成果融入教学

8.4.1.1 将本学科或自身研究的最新成果融入课堂的教学过程

8.4.2 推广有价值的研究成果

8.4.2.1 将科研成果编成讲义和教材

8.4.2.2 以学生为接受对象进行主体扩展式推广，充分调动学生的积极性，让学生在了解、运用成果的基础上去丰富、充实成果

8.5 撰写论文

8.5.1 构建论文框架

8.5.1.1 掌握论文的结构框架内容

8.5.1.2 明确论文写作重点

8.5.1.3 懂得论文的写作格式、规范

8.5.2 撰写论文

8.5.2.1 撰写前沿，提出这个研究要解决什么问题

8.5.2.2 撰写正文，介绍研究的方案、被试（研究对象）的情况、研究的方法与过程、数据分析的结果

8.5.2.3 撰写论文结论，说明研究的结果

9. 教学改革（骨干教师）

9.1 现状调研与评价

9.1.1 确定调研主题（包括对教学设计、教学实施、教学反思等调研）

9.1.1.1 确定调查研究的价值

9.1.1.2 阐述调研可行性

9.1.2 制订调研计划

9.1.2.1 明确调研目的、任务

9.1.2.2 阐明调研对象和范围

9.1.2.3 确定调研手段和方式

9.1.2.4 制定调研步骤和时间安排

9.1.2.5 预算调研经费及其用途

9.1.3 实施调研

9.1.3.1 制作调研问卷

9.1.3.2 开展调查研究

9.1.3.3 收集研究数据和材料

9.1.4 评价调研结果

9.1.4.1 分析调研数据，得出调研结果

9.1.4.2 围绕调研结果，归纳存在问题，剖析问题产生原因

9.1.4.3 撰写调研报告

9.2 提出教改方案

9.2.1 根据调研结果组织（或参与）教改讨论

9.2.1.1 明确我国中职学校办学目标

9.2.1.2 明确金融事务机构（企业）的需求

9.2.1.3 了解国内外金融事务专业发展新知识新技能

9.2.2 设计教改方案

9.2.2.1 提出改革思路

9.2.2.2 设计改革步骤

9.2.2.3 确立改革措施

9.3 组织实施教学改革

9.3.1 解读教改方案

9.3.1.1 明确改革目标

9.3.1.2 明确改革步骤、措施

9.3.2 制定教学改革措施

9.3.2.1 选择改革实施对象（班级或学生）

9.3.2.2 确定教学改革时间

9.3.2.3 实施教学改革措施

9.4 评价教改效果

9.4.1 设置教改效果评价指标体系

9.4.1.1 设置教改前后学生学习态度的认知比较指标

9.4.1.2 设置教改前后学生学习需求的认知比较指标

9.4.1.3 设置教改前后学生学习成绩的比较指标

9.4.1.4 设置教改前后学生专业实践能力掌握的比较指标

9.4.2 根据比较，对教改效果作出明确的评价

9.4.2.1 根据评价指标体系进行评价

9.4.2.2 撰写评价报告

9.4.3 反思教改效果

9.4.3.1 总结教改过程中取得的经验和成果

9.4.3.2 反思教改过程中存在的问题，为今后的改革提供建议

金融事务专业师资培训方案

中等职业学校金融事务专业师资培训方案制订说明

金融事务专业教师培训方案是在国务院2005年颁布的《国务院关于大力发展职业教育的决定》（国发［2005］35号，以下简称《决定》）提出“实施职业院校教师素质提高计划”的背景之下，为了加强中职师资培养和培训、提高师资水平和素质而启动的，是教育部、财政部重点课题“中职学校金融事务专业师资培训包开发项目”之一。

为了落实《决定》提出的工作任务，加快建设一支适应职业教育，以就业为导向、强化技能性和实践性教学要求的教师队伍，教育部2006年9月28日颁布的《关于建立中等职业学校教师到企业实践制度的意见》要求：“中职专业课教师、实习指导教师在实践中了解企业的生产组织方式、工艺流程、产业发展趋势等基本情况，熟悉企业相关岗位（工种）职责、操作规范、用人标准及管理制度等具体内容，学习所教专业在生产实践中应用的新知识、新技能、新工艺、新方法，并结合企业的生产实际和用人标准，不断完善教学方案，改进教学方法”。2007年教育部、财政部在全国范围内启动了“中职学校重点专业师资培训包开发项目”。

培训方案是在前期中等职业学校金融事务专业师资现状调研的基础上，以制定金融事务专业教学能力标准和实践能力标准为依据，在广泛调研教师培训需求的基础上制订的一套培训目标明确、培训内容适用、培训方法得当的上岗、提高和骨干三个层次的专业教师培训方案。制订目的是为中等职业学校金融事务专业教师进行全面的专业培训，提供一个系统的、规范的、有针对性的培训工作文本，用以指导专业教师的培训工作。

一、金融事务专业教师培训方案开发目标

培训不同于普通教育，培训的根本目的是提高受训者履行岗位职责的能力，即培训的关键是行为活动的技能和态度，不是为了知道得更多，而是为了行为的改变。金融事务专业教师的培训既不是普通教育培训，也不是专业实践实训，这种培训不是针对中职公共课教师培训，而是针对专业教师的培训。因此结合专业教师的成长规律，根据中等职业学校金融事务专业教师能力标准，以完善教师知识、技能、态度，提高专业教师教育教学能力为培训目

标。培训中要以教师工作实践为起点，把教育教学工作贯穿于培训中；教师专业实践能力培训以该专业岗位群能力需要为主线，采用以工作任务为中心、理论与实践相结合的培训方式。通过培训，更新金融事务专业教师教育教学观念，使其了解金融业发展的现状和趋势，熟悉金融企业组织结构及运作方式，掌握专业岗位群的基本技能；学会运用先进的职业教育的教学方法，掌握现代教育技术，具备金融事务专业建设和课程开发等职业教育科学研究的能力。通过设计培训方案，使得培训过程有完整的规划，符合教师的成长规律，培训内容切中需求，培训方式设计合理、规范，培训方法科学、有效。

二、金融事务专业培训方案开发的依据

（一）理论依据

1. 成人培训规律为培训方案开发提供了方向

培训是指有计划、有组织的教育和学习，是在一定时空范围内以改进工作人员的知识、技能、态度、行为从而使其发挥更大潜力、提高工作质量为目的的指导活动。可见，培训不同于普通教育，是当一个组织机构在外部环境发生变化时，为了弥补组织成员与外部环境变化和组织自身变革对成员在知识、技能和态度上的要求之间存在的差距而进行的有目的、有计划、有组织的学习活动。普通教育，通常是指通过系统的、正规的、整体的讲授或实践等活动来提高人的素质，包括知识、能力、品德修养等，以适应未来的情况。其特点在于讲授一个领域和一个学科的基本知识和技能，从时间上看，普通教育周期更长。在我国大力发展职业教育的大背景下，金融事务专业教师培训的目的是金融业知识的更新、教师金融事务专业岗位实践教学能力的提高、新的职业教育观念的树立，课堂教学方法的优化及教学效果的提高。焦点是提高受训专业教师履行教学岗位职责的能力：既包括专业教师教学能力，又包括专业实践能力。作为培训，时间往往是短时期的，这就要求在设计金融事务专业培训方案时必须与学校教育、学历提升教育等普通教育相区别。

2. 成人教育理论为确定培训内容、选择培训方式和方法的选择提供了理论依据

成人教育理论对专业教师的培训有重要的指导意义。著名成人教育学家诺尔斯（M. S. Knowls）的成人培训基本原理认为，成人教育应针对其特点遵循四个原则。这四个原则同样适用于专业教师的培训：（1）教师对培训学习具有自主性、教师对有助于提高个体教学能力的培训具有很高的热情。（2）接受培训的教师（新教师除外）在教育教学中积累了一定的经验。培训实践中应该充分开发和利用受训教师的经验，使其作为一种培训资源，建立起能够充分利用教师已有生活经验和教育教学经验的专业教师培训模式。（3）教师的培训内容要紧密联系各层级教师的岗位要求。金融事务专业教师希望通过相应层级的培训，使自己适应相应的教育教学环境，适应金融事务专业发展变化对自身教学的要求。教师的学

习动机要求在培训过程中，明确培训对象、合理安排培训内容，采取有效的学习方法。(4) 成人要求培训结果要能学以致用。教师培训的目的性很强，教师是带着问题去培训的。以上原则要求注重培训过程的设计，其中包括：培训教师与受训教师（学员）共同创造良好的培训学习气氛；培训前要与学员充分交流，共同制订教学计划、阐明学习目标、设计教学方案；采取合适的教学方法，如研讨法、情境教学法、角色扮演法等让学员积极参与到培训中去，并进行学习效果的评价、交流。

3. 行为主义理论和建构主义学习理论为制订培训方案提供了依据

行为主义的迁移理论认为，学习的迁移是一种学习对另一种学习的影响。学习是一个连续的过程，任何学习都是在学习者已有的知识经验、认知结构、动作技能、态度等基础上进行的，而新的学习过程及结果又会对学习者的原有知识、经验、技能和态度甚至学习策略产生影响，这种新旧学习之间的相互影响就是“学习的迁移”。迁移有积极的影响，也有消极的影响。迁移理论要求在设计培训方案时要目标明确，培训内容要针对各层次老师的培训需求，结合教学过程实际，采用一定的方法激发老师的外部学习动机。

建构主义理论主张学习是学习者主动建构自己知识结构的过程。反映到教学观上，强调以学生为中心，教师是学生意义建构的帮助者和促进者，强调从内部激发学习者的学习动机。建构主义教学三原则符合职业教育的教学理念，对教师培训方案的内容和培训方法开发有重要的指导意义：(1) 建构性原则。是指在培训中不以灌输知识为主，而应启发受训者自主地建构认知结构。在教育类培训中注意设计教学情境、认知冲突；在专业核心课程和企业实践培训中注意以岗位实践技能为主线，讲解理论知识，实现理实一体化教学。(2) 主体性原则。培训中培训教师创设机会、激励受训者主动参与到教学活动中，主动学习。(3) 互动原则。指将活动贯穿于培训的全过程，学员互动、师生互动，培训教师运用现代教育教学手段，开展协作学习与小组讨论。

4. 教师成长理论为培训教师层次的划分提供依据

根据美国教育专家弗兰西斯·富乐尔的教师成长理论，教师的成长可以分为三个阶段：第一个阶段教师关注“活着”。教师是一种职业，一种谋生的手段。处于这个阶段的教师刚刚进入工作岗位，主要关注的是教什么、怎么教、为什么教的问题，是新教师的岗位适应阶段。第二个阶段教师开始关注情境，将关注的焦点投向提高学生的成绩。此阶段是教师成长期，是第一阶段的继续与发展，也是理论与实践磨合的关键期，更是取他人之长补己之短与经验总结的升华期。教学中，表现为从关注“教”转变为关注“学”，包括学生学什么、怎么学、为什么学？第三个阶段教师关注学生发展，重视学生的个别差异，并因材施教；同时，还考虑“我所做的事情对社会、政治、经济和教育都会产生什么影响?”等问题。这一阶段是专业教师的业务成熟期，是前两阶段的拓展与再升华期。这时教师的教学风格初步形成，进入总结实践经验并上升到理论的阶段，同时也是课题研究的创造期。具体表现为，教学由先前的面面俱到、重点不突出，代之以方向性的提纲挈领式的带有探索研究型的教学设计。教学上，变被动为主动，采取“自主、合作、探究”式的教学方式，形成自己的教学风格，教学方法逐步展示出个人的教育艺术，教学效果逐步显现。教师成长理论为受培训教师层次的划分提供了依据，使金融事务专业教师的上岗、提高、骨干三个层级的界定更明确。

（二）现实依据

1. 金融事务专业教师的业务能力现状和培训需求是制订培训方案的前提

金融事务专业在上个世纪80年代初到90年代中期曾经有过辉煌的发展时期，那时主要是银行和中职学校联合办学，对所需人才实行订单式培养。基础课由学校教师上，专业理论课和实践课由银行相关岗位技术人员上，学生毕业后到银行工作。但从1995年以后，随着我国金融业的快速发展，高等教育人才的不断培养与输送，银行对中等职业学校毕业生的需求基本停滞，中职金融事务专业逐渐萎缩。随着我国加入WTO，对外金融业的开放，我国金融业包括银行业、证券业、保险业等都得到了迅速发展，一些金融中专学校又开始增加金融事务专业的招生人数。金融事务专业的教学也逐渐转向主要由学校老师讲授为主，校企联合办学的模式也逐渐衰微。专业教师的教学能力和岗位实践技能对培养合格的高素质劳动者就显得更重要了。从我们对全国开设中职金融事务专业的46所学校近300位教师的问卷调查、访谈座谈中，我们得出的结论是：

（1）师资构成专业化程度低，知识结构参差不齐。中职学校金融事务专业的教师来源比较广泛。从统计数据来看，64.86%的专业教师来源于专业院校，6.52%的教师从非专业学校毕业，2.90%的教师从金融机构调入，从其他单位调入的有25.71%。专业对口的教师很少，大多数学校都没有对非专业对口的教师进行专业培训。对于那些非专业对口的教师，他们或者缺乏系统的金融专业知识，或者缺乏职业教育技能，或者二者兼而有之。而中职学校由于种种条件的限制（多数是因为教学师资不够），大多数既没有对教师进行系统的专业知识培训，又没有进行系统的职业岗位技能培训。专业相对对口的教师，也并非能够达到专业教学能力要求。调查数据反映出，绝大部分专业对口毕业的教师都没有进行职业教学岗位培训就直接走上讲台。一方面，这些教师直接从学校走向学校，缺乏系统的职业教育知识和技能，对职教理念、技术和方法缺乏了解和把握；另一方面，绝大部分教师没有在一线金融部门工作，缺乏扎实的行业实践经验，专业技能差，所掌握的专业知识容易脱离现实要求。近几年，通过招聘兼职教师方式进行教学的教师比例有所增加。这些兼职教师或者来自金融机构，或者来自一些事业单位。虽然这些教师有比较丰富的专业实践技能和经验，能够在教学中找到教学内容与企业经营的结合点并把它作为教学重点，且了解企业的规章制度、企业的运作方式以及职业道德规范，能够对学生见习、实习及其内容和组织形式提出合理建议，但是他们大多没有系统的理论知识基础，且缺乏职业教育经验，在教学能力方面未免有所欠缺。

（2）教学方法缺乏创新。金融事务专业教师专业课教学能力较低，岗位实践普遍缺乏，部分中职教师采用的仍然是传统的讲授式教学方法。在调查过程中，很多学校教师都反映现在中专学生基础差，学习专注度有限，注意力难以集中，自我约束能力低，如何对他们进行专业知识的教学，教学方法很重要。教师希望有机会接受培训：一方面是专业实践能力的培训，另一方面是教学方法培训和教学经验的交流。特别是希望在专业教学方法方面，能够建立一个教学方法有效的沟通和经验交流平台，请有经验的教师分享好的教学方法。在如何使学生对所学的内容感兴趣，如何更好地将知识传授给学生方面相互学习、交流经验。

（3）教学科研、改革能力弱。调研数据显示，教师科研能力弱，特别是围绕教材开发、教学方法研究、教学手段创新、教学情境设计以及教学能力的其他方面的研究很少。长此以往，导致教师教学方法单一，教学手段缺乏创新，教学能力不高，教学效果无法得到保证。

（4）教育理念与职业教育的结合不够。由于金融业发展日新月异，许多教师对金融领域中前沿的知识不了解，学生对此涉猎更少，在工作中竞争力不强。教师希望得到有关金融前沿的知识（如理财、信贷、证券、保险等方面的知识），更新知识体系，改善岗位实践技能，希望有机会到实际部门多了解业务操作实务和到企业实践、见习。

（5）学生“关键能力”的培养重视不够。调研结果表明：金融事务专业作为服务类的专业，团队合作的精神、良好的沟通能力、一丝不苟的工作态度、诚实守信的道德修养等十分重要。从学生的长远发展来看，就是对学生的关键能力的培养，即使学生“获取跨职业、多功能和不受时间限制的能力”。过分强调技能，使学生变成机械式的操作，对学生的长远发展是不利的。这是服务类专业与制造业类专业不同之处。因此，如何进行金融事务专业学生关键能力的培养，就成为中职教师师资培训的一个重点内容。

2. 金融事务专业教师教学能力标准是培训内容确定的依据

（1）《标准》是提高中职教师素质、完善中职师资再教育和培训的基础。课题组前期调研开发的《中职学校金融事务专业教师教学能力标准》（以下简称《标准》）表明：金融事务专业教师教学能力标准是以金融事务专业知识、金融事务职业岗位技能、金融事务专业职业态度、教育科学知识和职业教育实践经验的综合成果为基础，根据职业教育特点，对中职学校专业教师在完成教学任务所必须具有的知识、技能和态度等方面作出的统一的、综合性规定，作为中职学校金融事务专业教师共同遵守的基本准则。一方面，有了专业教师教学能力标准，就有了明确的专业发展目标和培训方向；另一方面，《标准》的制定，使得中职学校教师培训有目标可循（因为师资培训目标就是找出教师教学能力标准与教师教学能力现状的差距，从而有针对性地进行培训），培训者和受训者有标准可鉴，评估者有指标可测，从而促进师资培养培训工作更加科学化、规范化和专业化。

（2）金融事务专业岗位群中的典型任务工作过程的能力要求为培训方案的制订提供了方向。从专业教师专业实践能力标准出发，我们掌握了中等职业金融事务专业毕业生的就业岗位主要有银行方向、保险方向、证券方向、企事业单位会计统计方向及其他财经商贸类方向。银行方向主要岗位有：银行综合柜员、银行卡营销、银行后台服务；典型任务有银行柜面业务、信用卡营销业务、个人理财业务等。保险方向主要岗位有：保险业务员、保险理赔员；典型的任务是保单的推销和保险理赔的工作。证券方向的主要岗位有：证券营业部柜员、证券交易部客户经理、业务咨询员、接待员；典型任务有柜面业务、证券营业部开户、委托、交易、咨询业务与服务等。涉及财经类的岗位群：社会各企业单位的会计员（特别是小企业）、公司会计、出纳、统计员、各行业门店收银员等。

由于金融事务专业岗位涉及面广，不仅是银行、证券、保险等金融行业，还包括更多的第三产业经济类服务型岗位，所以在专业课程设置中往往是金融事务专业课和会计类专业课交叉，侧重金融。岗位群的典型任务操作技能是学生应该具有的最核心的技能素质，更是培养以能力为本位，具有较高综合素质的技能型劳动者的要求。因此，基于金融事务专业岗位群中的典型任务工作过程的能力要求，是制订金融事务专业教师培训方案的最基本依据。

根据综合分析，以上岗位群的典型岗位主要有银行综合柜员岗位、理财师岗位、保险营销岗位、保险客户服务岗位、证券投资产品营销、证券代理与咨询岗位，企事业单位出纳会计岗位（因为本项目组有会计项目，故会计相关内容不在金融事务专业项目中考虑）。以上岗位都有其特殊的专业实践知识、技能和职业态度要求，需要经过专门的训练才能达到专业实践能力的要求。调研结果显示，目前金融事务专业教师大多数没有在一线部门实践的经历，因此，培训过程力求围绕主要岗位群中的典型工作任务，采用职业导向的教学方法，将理论教学与实践教学融为一体来进行。

3. 专业教师培训教育的现状为制订培训方案的必要性提供了依据

课题组对中等职业学校金融事务专业教师培训现状的调查发现，从教师来讲主要反映出如下问题：

（1）教师培训机会少、时间安排设置不合理。总体看虽然现有的中等职业学校教师的培训方式，从层次上讲有校本培训、地区培训、省级培训和国家培训等，但对金融事务专业教师的培训，以上各个层次的都比较少。从调研数据来看，有40.58%的教师从来没有参加过任何形式的专业或教学能力培训，有14.86%的教师只参加过一次培训，有机会多次参加培训的教师只占7.61%。同时，调研数据显示，利用假期进行培训占比53%，利用在职时间进行培训占比39%，二者共占比92%，说明大部分的培训都占用了教师休息、备课、科研时间，这一定程度上打击了教师参与培训的积极性，同时也影响了教师正常的教学工作。调研过程中，大部分老师都明确表示希望脱产集中培训，提高培训效率。

（2）培训内容重理论轻实践。调研中，参加过培训的教师普遍反映：以往的培训内容主要是理论知识，很少涉及金融岗位实践培训；在教学方法、教学技能方面几乎没有教师系统进行过培训。专业教师希望培训课程主要围绕专业实践技能以及教师教学能力来进行，突出实用价值，特别在专业核心课程上，应注重金融事务专业岗位、项目、任务对专业实践能力的要求；在教学能力培训方面，应注重教学方法的交流、示范和创新。此外，如何规范教学过程，包括规范教学计划设计、教案设计，如何有效地结合专业培养目标、学生具体情况开展灵活的教学活动，这些都是教师迫切希望得到培训的重点。

（3）教师培训目的不够明确，培训课程设置难以满足需要。接受培训的教师认为，培训目的不够明确。没有针对不同层次、不同需求的培训对象设置具有差异性的培训模式和内容，导致培训效果差。其次，目前，金融事务专业教学主要以银行方向为主，保险和证券方向涉及较少，教师培训也比较少，这主要与该行业的发展和对人才的需求层次有关。但随着证券业、保险业的发展对人才需求的增加，专业教师对保险和证券方面的新知识、新技术、新方法等培训需求也日益迫切。从培训内容上看，包括专业理论培训、教学方法和技能培训，但培训内容重理论、轻实践。培训方式也主要采用讲授式，缺乏岗位群技能的系统训练和企业岗位的实践教学。培训和需要脱节，不能满足金融事务专业教师能力素质提高的需要。

本培训方案根据以上金融事务专业教师的业务和培训现状，依据教师岗位的能力要求，本着以职业为基础，以服务为宗旨，以专业教师需要为导向，设计培训方案，选择培训内容，优化培训模式，满足中等职业学校“双师型”教师培养目标的需要。

4. 发达国家职业教育师资培训的成功经验为方案的开发提供了经验借鉴

西方发达国家在长期的教育实践中，在职业教育师资培训方面已经形成了一些成功的模式。比如北美的 CBE（Competency Based Education）、澳大利亚的 TAFE（Technical and Further Education）、德国的双元制及英国 BTEC（Business&Technology Education），这四种模式都体现了以能力为本位的原则。对于商贸类的金融事务专业而言，以能力为本位的 CBE 模式强调的是职业岗位所需的能力确定、学习和运用，强调能力是知识、技能和态度的综合；而 BTEC 模式则重视学生通用能力的培养和充分利用课业这种有效的教育教学方式，打破学科型知识本位的教育教学模式，注重培养学生的能力和调动学生的学习积极性；澳大利亚的 TAFE 模式中的培训包将行业技能需求和职业培训的目标有机地结合起来；双元制模式以能力为本位、工作过程为导向，在培养学生从业能力的基础上，更注重学生关键能力的培养。这些成功的职业培训模式，对于制订中等职业学校金融事务专业教师培训方案具有重要的理论和实践参考价值。

三、金融事务专业教师培训方案开发技术路线与方法

（一）培训方案开发的技术路线

借鉴 ISD（instructional systems design）培训系统设计模型进行培训方案的开发。ISD 模式是教学系统开发模式，同时作为培训系统设计模型是现代培训开发的重要工具，它强调正式的、有针对性的、把实际需要与培训内容和方法紧密结合的培训。具体技术路线为：培训目标要以培训需求为依据；课程设计以职业分析为基础；课程结构以工作规范为前提；培训内容以岗位需要为目的。

在具体开发培训方案中，通过解读专业教师能力标准，确定培训内容；了解专业教师业务能力现状、分析培训现状和需求划分培训层次，完成培训方案；根据培训方案开发培训教材，再通过小范围实际培训试验，进一步修改、完善培训方案（具体见图 2－1、图 2－2）。

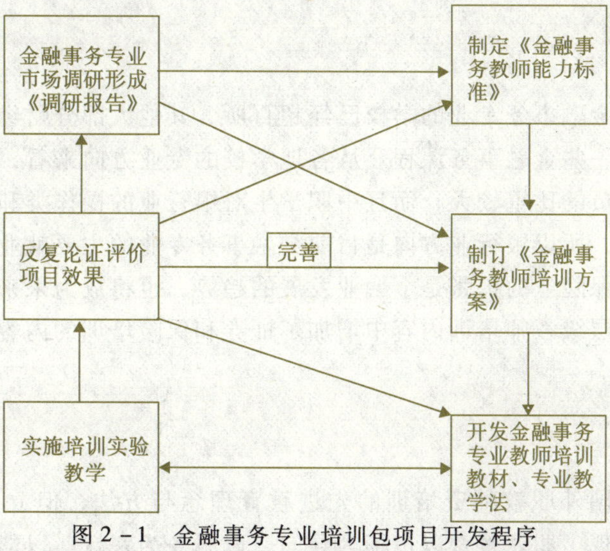

图 2－1　金融事务专业培训包项目开发程序

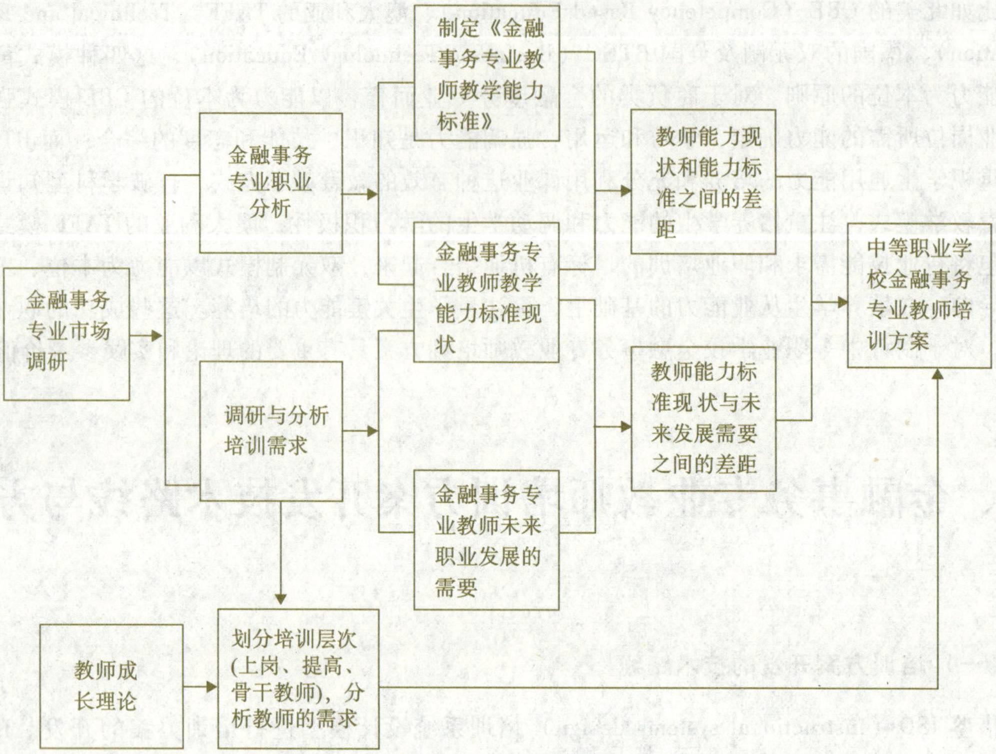

图 2－2　金融事务专业教师培训方案开发程序

（二）培训方案设计的原则

1. 引导性原则

金融事务专业培训方案的开发根据“以全面素质为基础，以能力为本位”的职业教育教学指导思想为指导，以职业教育“能力为本位”的主要特征为导向，使培训方案能够引导金融事务专业教师快速地成长。

2. 前瞻性原则

目前，全国开设金融事务专业的学校已经超百所，其他大部分财经类专业也针对社会需要与自身条件开设了一些金融事务课程。从各地学校的专业方向来看，银行业不仅从业人员占整个金融业从业人员的比重较大，而且中职学生对银行业的操作类和部分技术类、销售类岗位的认同度也较高，所以银行业方向是目前金融事务专业的主要就业方向。从经济的持续发展来看，证券业和保险业的扩张是金融业发展的趋势，也将成为未来学生的就业方向，所以我们在提高和骨干层级教师培训内容中增加了证券和保险培训的内容，以保证培训内容的前瞻性。

3. 创新性原则

培训方案吸收了国外职教师资培训的先进教育理念与方法，但立足我国职业教育的实际，在培训方案中体现了职业教育以市场为导向、以服务为宗旨、以能力为本位的原则，努力形成适合我国实际的职业教育培训模式。目前，中等职业学校师资培训基本上没有条件限制，所有老师都可以参加不同层次的培训，培训对象缺乏针对性。我们在培训内容的设计上，将培训对象分为不同层次（上岗、提高、骨干），根据培训对象的不同，设计不同的培训内容，从而做到培训内容设计的针对性，以提高培训效率；在培训方式设计上，克服了以往单一的培训方式，采用专家讲座、研讨、示范性教学、情景教学、项目教学、教学观摩、学员实践、企业参观、岗位实训、素质拓展等新的培训方法和手段，设计“理实一体化”培训的模式，将职业教育心理学、职业教育学的理论与行动导向教学思想结合，理论为实践服务。

（三）培训方案开发的方法

1. 调研专业教师的业务现状，了解培训需求

培训需求调研紧紧依靠中职学校、金融企业，围绕当前我国金融事务专业教师师资总体情况、教学能力现状、教师培训需求展开，具体包括：①金融行业发展现状及对中职金融人才的需求情况（金融事务专业对应的职业岗位、岗位对学生知识技能的要求）；②全国范围内中等职业技术学校金融事务专业教师师资总体情况；③中职开设金融事务专业的学校专业教师教学能力现状；④中职金融事务专业师资培训现状和培训需求。通过调研形成“中等职业学校金融事务专业师资现状的调研报告”。报告一方面得到金融事务专业教师能力现状和发展要求的资料；另一方面得到培训现状和教师培训需求方面的资料。

2. 解读教师能力标准、分析培训需求确定培训内容

我们对项目制定的教学能力标准进行认真的解读，对金融事务专业教师教学能力标准从课程设计、制订授课计划、设计教案、教学标准、实施教学、教学评价、教学指导、教学研究、教学改革九个方面进行认真分析。教师实践能力标准包括三个方向：

（1）银行方向：银行柜员岗位、银行后台柜员岗位、银行卡业务岗位、银行结算业务岗位、国际结算业务岗位、银行中间业务岗位、个人投资理财岗位；相应的工作项目有银行柜面业务与服务、银行卡业务与服务、银行结算业务与服务、国际结算业务与服务、银行中间业务与服务、银行后台柜员业务与服务、银行个人投资理财业务与服务等。

（2）保险方向：财产保险代理岗位、人身保险代理岗位；相应的工作项目有财产保险代理业务与服务、人身保险代理业务与服务。

（3）证券方向：证券代理服务岗位（开户岗与委托岗）、债券与基金交易的代理与咨询岗位（委托岗与咨询岗）、证券分析与咨询岗位（咨询岗）；相应的工作项目有证券代理业务与服务、债券与基金交易的代理与咨询、证券分析与咨询等。

对三个方向14个岗位及所对应的业务与操作技能标准，结合调研的教师能力现状进行了认真分析，找出教师能力现状和能力标准之间的差距，结合教师培训的需求诉求，同时兼顾金融事务专业未来职业发展的需要，确定专业教师的培训内容。

3. 根据教师成长理论和培训规律确定培训对象，划分培训层次

教师成长理论和我国长期的教师培养实践表明：一般教师成长大致经历以下三个阶段：适应期1~3年、成长期4~8年、成熟期8年以上。从过程上看，教师成长多是受外部教育

政策与要求引领的，教育政策的落实越是深入，教师成长的特征就越明显，合乎要求的成长周期也会变得短暂；教师成长的"成熟度"是由教育政策引导的，由教育变革的环境来决定的，外部教育环境和气候越是浓厚，教师走向成熟的步伐就越快捷。在国家大力发展职业教育的背景下，通过有组织、有计划的培训，专业教师的成长、成熟步伐必将加快。所以我们根据职业教育的特点，结合金融事务专业对教师的要求，将金融事务专业教师的培训层次作出具体划分：①上岗层级教师，教龄在3年以下（含3年）；②提高层级教师，教龄在3年以上（不含3年）、5年以下（含5年）；③骨干层级教师，教龄在5年以上（不含5年，转岗教师根据转岗后从事金融事务专业教龄参照以上标准确定层级）。这种划分充分考虑了国家职业教育政策对教师成长的促进作用，具体标准见培训方案。

4. 根据培训需求，针对不同对象确定相应的培训内容

从中职学校金融事务专业师资总体情况（年龄分布、学历状况、职称状况、职业资格等）及以上培训现状和需求（专业教学信息、专业教学现状等等）进行调研的结果我们发现，不同教龄层次的专业教师业务状况和培训需求是不同的。

（1）上岗层级专业教师培训。目前刚从院校毕业的新教师，进入教师岗位，一般都有1年的见习期。在见习期内，新教师在教育主管部门领导下的教育学院等市级培训基地进行培训，同时学校安排经验丰富的老教师与新教师"结对子"，以老带新，包括从教案设计、授课到实训，对新教师进行全面的指导，时间一般为1~3年，完成上岗后续教育，使上岗教师完全胜任教学岗位的工作。学校一般认为新教师进学校3年基本就"出师"了，可以独立从事专业教学工作。这一阶段，专业教师主要关注的是"教什么、怎么教、为什么教"的问题，是新教师的岗位适应阶段。培训主要侧重于受训教师应用和执行能力，培养他们基本的教学和实践操作技能。培训内容见培训方案表2-1。

（2）提高层级专业教师培训。从专业教师的发展看，在上岗教师独立从事专业教学工作后的两三年里，教师教学表现为呆板，深受教学设计的局限，教学严肃而谨慎，唯恐出错。此阶段是教师成长期，是第一阶段的继续与发展，也是理论与实践磨合的关键期。将该阶段教师界定为提高层级教师，对他们进行培训，使受训教师理论和实践更好地结合，能够取他人之长补己之短，教学经验得以总结，教学能力迅速得到提高。使教师在教学中，逐渐从关注"教"转变为关注"学"，包括学生学什么、怎么学、为什么学？不再局限于教学设计而是有所发挥与创造。培训主要侧重于受训教师的思考和分析能力，适用于专业教学的教学方法应用能力，培养他们熟练的教学和实践操作技能。培训内容见培训方案表2-2。

（3）骨干层级专业教师培训。该层级专业教师的界定主要是基于从事教学工作5年以上的教师，是专业教师的业务成熟期，是前两阶段的拓展与再升华期。通过培训使教师的教学风格初步形成，进入总结实践经验并上升到理论的阶段以及课题研究的创造期。教学上，变被动为主动，主动进行教学方式、方法的探索和改革，逐步展示出个人的教育、教学艺术，教学效果逐步显现。培训主要侧重于受训教师教学研究和创新能力，培养他们高级别岗位实践操作技能。培训内容见培训方案表2-3。

5. 根据培训内容不同确定相应的培训方式

在培训方式设计上，克服了以往单一的培训方式，紧紧围绕培训方案制订的理论和现实

依据，采用形式多样的培训方法保证培训的可行性、有效性。教育类培训主要采用专家讲座、研讨、示范性教学、情景教学、项目教学、教学观摩等方式进行培训；对专业类培训采用学员模拟实践、企业参观、岗位实训、素质拓展等新的培训方法和手段，设计“理实一体化”的培训模式。由于金融企业的特殊性，银行、保险公司、证券公司往往不愿意接受老师的企业具体岗位实践。老师到金融企业实践很难执行。针对这种情况，一方面通过模拟实验室实训强化教师的专业实践能力，另一方面，采用教师到金融企业的新员工培训基地去和金融企业员工一起培训，配合企业实践岗位考察参观，来完成金融事务专业教师实践能力标准的要求。

6. 根据培训需求、培训方式确定培训时间

调研过程中，大部分老师都明确表示希望脱产集中培训，提高培训效率，反对假期参加培训。从培训时间的长度看，大部分教师倾向于一个月到半年的培训，但从学校的实际来看，由于专业教师基本是一个岗位一个教师，平时不可能让大量的教师进行长期的脱产培训，所以，专业教师的培训仍将不可避免地会用到受训教师的暑期时间。依据成人培训和学习的规律，参考目前国内培训的实践经验、通过专家论证，我们将提高和骨干教师的培训时间确定为40天、320课时；上岗层级教师的培训确定为48天（实际可为50天左右）、378课时。

7. 金融事务专业职业技能证书考试与培训内容关系的说明

金融事务专业对应的职业资格证书包括两大类，一类是基础性资格证书，具体包括珠算技术等级鉴定证书、会计电算化、会计从业资格证书（会计证）等。这些资格证书是学校通常要求具备的资格证书，也是学生毕业前通过考试通常取得的资格证书类型；另一类是金融业相关岗位从业资格证书，具体包括银行从业资格证书、证券从业资格证书、保险从业资格证书、基金从业资格证书、金融风险管理师资格证书等。从分析来看，金融岗位从业资格证书对中职金融事务专业学生来讲，适宜参加银行从业资格证书、证券从业资格证书、保险从业资格证书的考试，这些都属于行业初级门槛，但这几个资格考试要求一般年龄都在18岁以上，对学校组织学生考试带来一定困难，显然无法作为学生毕业的条件之一。金融业三个方向中其他一些岗位资格证书的获取，需要比较高的专业知识和能力，超出了中职金融事务专业毕业生的工作范围和技能操作要求，所以中职学校不宜将获得金融从业资格证书作为直接培养目标。但诸如银行从业资格证书、证券从业资格证书、保险从业资格证书考试的内容反映了各方向从业人员的综合素质要求，反映了行业发展的方向，如银行从业资格考试中《个人理财》科目、证券从业资格考试中的《证券投资分析》等。中职学校金融事务专业的课程设置和教学安排适宜参照金融从业资格考试中的典型科目，对相关课程进行适当拓展，为学生毕业后的进一步发展打下基础。作为专业教师，应该了解并具备相应的从业资格，培训需求调研中教师也有此需求，故在提高和骨干层级教师培训中，我们适当加入了核心考试科目内容，如银行从业资格考试中的“个人理财”、证券从业资格中的“证券投资分析”等内容，通过培训，提高层级和骨干层级教师基本具备了考取相应资格证的能力。

四、金融事务专业教师培训方案开发的过程

（1）2007 年 12 月至 2008 年 3 月，前期准备，把握开发的理论基础，研究开发思路和方法；进行文献检索研究。

（2）2008 年 3 月中旬至 2008 年 7 月底，了解开设中职金融事务专业学校的规模，专业教师的教学现状和岗位能力要求，现实水平和能力要求之间的差距，制定教学能力标准。了解中职金融事务专业教师现有培训方式、培训内容；师资培训存在的问题，掌握专业教师的培训需求。对金融事务专业教师培训方案的编写进行了初步的探索，设计培训方案草案。

（3）2008 年 8 月至 11 月，完成培训方案的草案设计。

（4）2008 年 11 月至 2009 年 4 月，根据贵阳会议的精神进一步对金融事务教师培训现状、需求进行调研，完善方案。4 月 21 日上海项目培训结束后继续修改、进一步细化、完善金融事务专业教师专业培训方案。

（5）2009 年 5—6 月，召开“中职金融事务专业发展前景与教学改革全国研讨会”，将若干阶段性成果培训方案开发方案交由大会研讨，并根据与会代表的建议，对培训方案进行补充、修改完善。

（6）2009 年 8 月至 2010 年 1 月，在中期检查之后，对培训方案继续征求开设金融事务专业学校的意见建议，并与开发核心教材的老师、专家共同探讨，在全国多个金融事务专业骨干校的共同配合、有关专家的指导下，最终形成了《中等职业学校金融事务专业教师培训方案》。

中等职业学校金融事务专业师资培训方案

一、培训指导思想

以国家的职业教育政策法规和《教育部、财政部关于实施中等职业学校教师素质提高计划的意见》的精神为依据，以金融事务教师岗位教学能力的要求和提高中职教师素质的需要为重点，在充分借鉴国内外职业教育培训理论与实践经验的基础上，针对金融事务专业岗位人才的需求，制定中职金融事务专业教师的能力标准。遵循成人培训的规律，以教师“能力本位为核心”，从培养名副其实的“双师型”教师入手，将受训教师所教专业科目的岗位能力需要作为出发点，强化训练实践操作技能和实际工作态度，突出教学的实践性环节。进一步更新教师教育观念，改善金融事务专业教师的专业实践能力，提高教育教学能力，教育创新能力。

二、培 训 目 的

通过培训，使专业教师了解金融业发展的现状和趋势，熟悉金融企业组织结构运作方式，掌握专业岗位群技能。进一步更新教师的教育教学观念，学会熟练运用先进的职业教育的教学方法，掌握现代教育技术，具备金融事务专业建设和课程开发等职业教育科学研究的能力。使接受培训教师的政治思想和职业道德水准、专业知识与专业技能、学术水平、教育教学能力和科研能力等方面的综合素质有显著提高，使之成为具有高素质、高水平，具有终身学习能力和教育创造能力，在教学实践中发挥示范作用的中等职业学校的“双师（能）型”专业骨干教师。

三、培训对象

（一）上岗层级教师

刚从金融相关专业大学本科毕业或硕士毕业及达到本科学历或硕士毕业，已获得教师资格证的金融事务专业教师；刚从文化课或跨专业转岗从事金融事务专业课程教学的教师；从事专业课程的教学与指导实训在3年以下（含3年）的教师。

（二）提高层级教师

已经是金融事务专业的合格教师，希望通过培训提高教学水平与能力、向骨干教师目标努力的教师；从事金融事务专业课程的教学工作在3年以上（不含3年）、5年以下（含5年）的教师。

（三）骨干层级教师

从事专业课程的教学与指导实训在5年以上（不含5年）的教师；金融事务专业课程的骨干教师或学科带头人。

四、培训目标

（一）上岗层级教师培训目标

（1）初步了解职业教育本质特点，了解金融事务专业职业及职业规章和从业规范。

（2）掌握基本教学技能，能在老教师的帮助下开展教学设计、准备、教学反思等工作，并独立完成特定教学内容的课堂教学。能基本把握课堂的节奏，初步掌握维持课堂正常教学秩序的技巧，独立正确应对课堂中出现的各种突发状况。

（3）通过培训，使受训教师具备基本的金融专业理论知识、实训技能，掌握基本的教学法与运用现代教学手段和媒体的能力。

上岗层级专业教师培训大纲见表2－1。

表2－1　　培训内容与形式——上岗层级专业教师培训大纲

模块培训 / 内容 / 对象		上岗层级专业教师（应用和执行能力）			
		内容	形式	学时	代码
教育类	1.1专业道德培训模块	1.1.1职业教育政策和法规与教师职业道德 1.1.2金融事务专业岗位职业道德分析	• 教育专家讲座（案例式） • 金融企业培训师讲座（案例式） • 小组讨论	6	N11
	1.2职业教育学培训模块	1.2.1世界职业教育改革与发展趋势 1.2.2金融事务专业教师的职业生涯规划分析与制定 1.2.3职业教育教学原理 1.2.4职业教育教学活动 1.2.4.1金融专业课程授课计划的分析 1.2.4.2专业课教案的设计原则和方法步骤 1.2.4.3教案设计（内容金融事务某一专业课）的实际指导示范及编写 1.2.4.4教学准备的内容 1.2.4.5课堂教学设计、组织与实施过程	• 专家讲座 • 骨干教师根据某一课程实际指导开讲座 • 学员设计教案、教案展示 • 学员试讲 • 分析评价修改、二次试讲 • 小组合作学习	48	N12
	1.3现代教育技术应用培训模块	1.3.1现代教育技术条件下教师的专业发展 1.3.2多媒体课件的制作 1.3.3网络教育资源与教学 1.3.4金融事务专业教学软件的使用	• 教育技术专家、骨干教师讲解 • 学员计算机房边学边实际制作 • 小组合作	40	N13
	1.4专业教学法培训模块	1.4.1中职金融事务专业学生特点分析 1.4.2金融事务专业的教学内容和教材分析 1.4.3金融事务专业常用教学法培训	• 金融行业专家讲座 • 国家级骨干教师讲授 • 具体教学法应用教案、课件呈现教学示范（重在模仿） • 小组合作 • 学员模仿根据教材编写具体教学法应用的教案	36	N14
	1.5职业教育心理学培训模块	1.5.1职业学校教师和学生心理分析 1.5.2职业学校学生的学习心理与职业教学	• 专家讲座 • 小组合作学习 • 撰写小论文	16	N15
专业类	1.6职业发展与劳动组织分析培训模块	1.6.1国内外职业教育现状和发展趋势分析 1.6.2金融事务专业现状和发展前景 1.6.3金融业发展对人才的需求 1.6.3.1银行业工作岗位及能力分析 1.6.3.2保险业工作岗位及能力分析 1.6.3.3证券业工作岗位及能力分析 1.6.3.4涉及财经类的岗位群能力分析 1.6.4金融事务专业学生关键能力分析	• 专家/骨干教师讲座 • 专家与学员、学员之间进行研讨式交流	16	N16

续表

模块培训 \ 内容 \ 对象		上岗层级专业教师（应用和执行能力）			
		内容	形式	学时	代码
专业类	1.7 系列专业“四新”讲座培训模块	1.7.1 我国证券股指期货业务介绍 1.7.2 融资融券业务介绍 1.7.3 网上支付与电子银行 1.7.4 电子商务与金融业 1.7.5 网上银行应用 1.7.6 网络证券应用 1.7.7 网络保险应用	• 专家讲座 • 视频资料 • 专家讲座/指导 • 学员网上操作 • 小组学习	32	N17
专业类	1.8 系列专业核心课程（含技能）培训模块	1.8.1 商业银行综合柜员业务与服务 1.8.1.1 银行柜面业务与服务 1.8.1.2 银行卡业务与服务 1.8.1.3 银行结算业务与服务 1.8.1.4 国际结算业务与服务 1.8.1.5 银行中间业务与服务 1.8.1.6 银行后台柜员业务与服务 1.8.1.7 商业银行综合柜员岗位技能实训 1.8.1.8 银行个人理财业务与服务 1.8.1.9 商业银行综合柜员服务礼仪实训	• 主讲：银行柜员业务骨干与主训讲师 • 方法：1~6 项业务编成业务案例（1），以实际案例进行操作流程讲解+指导实际操作 • 媒体：银行综合柜员实训软件结合案例（1）业务设计案例（2），结合情景教学法和角色扮演法进行分小组实际模拟学习银行柜员服务礼仪 • 地点： 基地银行模拟实训室或商业银行模拟实验室	180	N18 M111
专业类	1.8 系列专业核心课程（含技能）培训模块	1.8.2 营销服务礼仪与实训 1.8.2.1 信用卡营销服务礼仪与实训 1.8.2.2 贷款营销服务礼仪与实训 1.8.2.3 保险单营销服务礼仪与实训 1.8.2.4 证券业务营销服务礼仪与实训	• 结合情境教学法和角色扮演法模拟银行卡营销	180	N18 M111
专业类	1.8 系列专业核心课程（含技能）培训模块	1.8.3 保险行业岗位知识与技能分析 1.8.3.1 保险代理从业人员必备理论知识 1.8.3.2 保险代理人营销技能 1.8.3.2.1 发现准客户 1.8.3.2.2 拜访准客户 1.8.3.2.3 如何应对客户的拒绝 1.8.3.2.4 促成投保 1.8.3.2.5 客户关系维持	• 企业培训中心参加培训 • 保险培训师 • 保险公司实际参观 • 进行业务案例操作讲练结合	180	N18 M111
专业类	1.9 企业实践培训模块	1.9.1 商业银行参观考察与岗位实践 1.9.2 保险公司参观考察岗位实践 1.9.3 证券公司参观考察岗位实践	• 去金融企业（包括银行和保险公司）参观金融企业岗位设置和业务流程 • 与各岗位骨干进行座谈 • 进入企业培训中心与企业员工一起受训、模拟实务	36	N19 M121

（二）提高层级教师培训目标

（1）了解新形势下中等职业教育的发展趋势，基本把握职业教育本质特点，理解职业教育与其他相关学科的关联。

（2）能根据需要选取教学内容，并独立保质保量完成教学活动。能够进行金融事务专业课教学计划的设计、实施与评价，以及教学资料、媒体、专业实验室及实训场所的分析应用。理解专业教学法的内涵，掌握各种专业教学方法。

（3）掌握职业分析方法，能够运用工作分析方法对具体岗位和工作过程进行分析；能够通过分析提炼出金融服务人员所需的知识、技能和态度，并将其纳入教学目标。通过培训，使受训教师掌握比较扎实的金融专业理论知识，具备较强的指导所任课程的实训技能与较好地控制课堂秩序的能力，能较好地理解与把握中职教育的理念与方法。

提高层级专业教师培训大纲见表 2－2。

表 2－2　　培训内容与形式——提高层级专业教师培训大纲

模块培训 \ 内容 \ 对象		提高层级专业教师			
		内容（思考和分析能力）	形式	学时	代码
教育类	2.1 专业道德培训模块	2.1.1 职业教育政策和法规与教师职业道德 2.1.2 金融事务专业岗位职业道德分析 2.1.3 金融事务专业岗位职业操守和风险教育	• 专家讲座	8	N21
	2.2 职业教育学培训模块	2.2.1 世界职业教育改革与发展趋势 2.2.2 金融事务专业教师的职业生涯规划 2.2.3 金融事务专业学生职业指导与学生职业生涯规划设计	• 专业骨干教师讲座 • 学员讨论交流编写	24	N22
	2.3 现代教育技术应用培训模块	2.3.1 现代教育技术条件下教师的专业发展 2.3.2 多媒体课件的制作 2.3.3 网络教育资源与教学 2.3.4 现代教育技术基本理论及教学设计	• 专家讲座 • 多媒体课件设计实践	32	N23
	2.4 专业教学法培训模块	2.4.1 金融事务专业培养目标定位分析 2.4.2 金融事务专业教师岗位分析 2.4.2.1 行为导向教学法概述 2.4.2.2 案例教学法在教学中的运用 2.4.2.3 项目教学法在教学中的运用 2.4.2.4 角色扮演教学法在教学中的运用 2.4.2.5 引导文教学法在教学中的运用	• 骨干教师讲座 • 专业教学法教案展示 • 教学示范 • 学员运用专业教学法设计教案、课堂活动并进行试讲	32	N24
		2.4.3 实训设计 2.4.3.1 实训课教学计划编制 2.4.3.2 实训方案设计 2.4.3.3 实训指导书编写 2.4.3.4 实训课教学组织与控制 2.4.3.5 实训课教学效果评价	• 骨干教师讲座 • 专业案例展示 • 学员观摩编制实训教学计划与设计教案 • 教学实训观摩		

续表

模块培训 \ 内容 \ 对象		提高层级专业教师			
		内容（思考和分析能力）	形式	学时	代码
教育类	2.5 职业教育心理学培训模块	2.5.1 职业教育学习理论 2.5.2 职业教育的教学理论 2.5.3 基于学习理论和教学理论的专业课教学设计	• 专业骨干教师讲座 • 教学设计示范 • 学员模仿设计	16	N25
专业类	2.6 职业发展与劳动组织分析培训模块	2.6.1 金融事务专业现状和发展前景 2.6.2 金融业发展对人才的需求 2.6.2.1 银行业工作岗位及能力分析 2.6.2.2 保险行业工作岗位及能力分析 2.6.2.3 证券业工作岗位及能力分析 2.6.2.4 涉及财经类的岗位群能力分析 2.6.3 金融事务专业学生关键能力与培养	• 专家讲座 • 专家与学员、学员之间进行研讨式交流	16	N26
专业类	2.7 系列专业“四新”讲座培训模块	2.7.1 理论创新：金融混业、金融工程与金融全球化 2.7.2 产品创新：衍生产品与结构化产品 2.7.3 技术创新：网络金融与电子金融 2.7.4 手段创新：资产证券化与交易杠杆化 2.7.5 网络金融创新业务	• 专家讲座 • 小组学习 • 实践模拟 • 专家讲座/指导 • 学员网上操作 • 小组学习	36	N27
专业类	2.8 系列专业核心课程（含技能）培训模块	2.8.1 个人投资理财 2.8.1.1 生命周期理财计划 2.8.1.2 银行理财产品介绍 2.8.1.3 房地产投资理财 2.8.1.4 保险产品理财 2.8.1.5 金融工具组合理财 2.8.1.6 投资理财的风险控制和防范 2.8.1.7 金融理财软件的介绍和使用	• 专业理财规划师主讲 • 案例教学法 • 小组讨论 • 理财师讲座 • 关键操作介绍 + 指导实际操作	120	N28 M211
		2.8.2 证券开户业务 2.8.2.1 证券账户的开立 2.8.2.2 基金账户的开立 2.8.2.3 创业板账户的开立 2.8.3 证券委托业务 2.8.3.1 认知委托交易 2.8.3.2 股票委托业务受理 2.8.3.3 债券委托业务受理 2.8.3.4 基金委托业务受理	• 专家讲座 • 证券模拟实验室与真实市场同步利用模拟软件实战操作 • 小组学习		
专业类	2.9 企业实践培训模块	2.9.1 金融事务岗位实训 2.9.1.1 常用理财软件的介绍和使用 2.9.1.2 常用证券行情与交易分析软件的介绍和使用 2.9.2 专业教师下到银行、保险与证券公司进行实践与观摩	• 理财软件、证券行情与分析软件、模拟理财软件操作，地点：基地金融模拟实训室 • 参观金融企业核心岗位流程、与岗位骨干座谈、和金融企业员工一起培训	36	N29 M221

（三）骨干层级教师培训目标

（1）深刻把握职业教育本质特点，能很好地理解与把握中职教育的理念与方法。明确金融事务专业教学实践和职业工作实践这种“双重”实践能力要求。

（2）通过培训，使受训教师掌握扎实的金融专业理论基础，掌握金融业及其实践操作的最新动态与理论前沿，具备独立进行教育教学研究和教学改革的能力。

（3）根据不同教学情境熟练地完成教学活动，善于把银行业、证券业等工作岗位及工作过程转换为学习环境，开拓学生在金融事务专业工作中学习的可能性；善于开发专业教学中的学习工作任务。熟练运用工作分析方法，将岗位分析的结果归类重组并形成新的教学内容。

（4）能系统地进行金融事务专业技术、工作以及职业教育过程的分析、组织与评价。能够统筹总领专业的课题项目研究、设计研究方案、控制研究过程、形成研究成果，并在专业教学中推广实施。

骨干层级专业教师培训大纲见表2-3。

表2-3　　培训内容与形式——骨干层级专业教师培训大纲

模块培训 \ 内容 \ 对象		骨干层级专业教师（研究和创新能力）			
		内容	形式	学时	代码
教育类	3.1专业道德培训模块	3.1.1 职业教育政策和法规与教师职业道德 3.1.2 金融事务专业岗位职业道德分析 3.1.3 金融事务专业岗位职业操守和风险教育	●专家讲座 ●专家与学员、学员之间进行研讨式交流	6	N31
教育类	3.2职业教育学培训模块	3.2.1 职业教育学与职业教育 3.2.2 世界职业教育改革与发展趋势 3.2.3 职业教育的培养目标 3.2.4 职业教育的专业设置与课程模式	●专家讲座 ●学员讨论交流	40	N32
教育类	3.2职业教育学培训模块	3.2.5 骨干教师指导或培训青年教师的教学能力 3.2.5.1 专业理论课与实践课教学评价方案制定 3.2.5.2 指导或培训中青年老师的教学方法和课堂组织管理 3.2.5.3 设计指导计划或培训方案 3.2.5.4 指导或培训中青年教师的教学研究 3.2.5.5 指导或培训中青年教师的教学资源开发 3.2.6 职业教育科学研究培训 3.2.7 金融事务教学现状与改革方向与专业教师的职业生涯规划	●实际教学设计 ●观摩研讨	40	N32
教育类	3.3现代教育技术应用培训模块	3.3.1 现代教育技术条件下教师的专业发展 3.3.2 信息技术与学科教学的整合 3.3.3 基于网络的教师专业发展支持平台 3.3.4 现代教育技术条件下的教学管理系统 3.3.5 现代教育技术下的教师专业成长过程	●边讲边练、讲练结合 ●小组学习	32	N33

续表

对象 内容 模块培训		骨干层级专业教师（研究和创新能力）			
		内容	形式	学时	代码
教育类	3.4 专业教学法培训模块	3.4.1 建构主义学习理论、行动导向与金融事务专业教学 3.4.2 多种行动导向教学方法的综合应用（任务驱动教学法、项目教学法、案例教学法、角色扮演教学法、头脑风暴教学法、引导文教学法等）	• 行业教育专家（骨干教师）讲座实际教学方法剖析 • 针对教学内容分小组讨论教研 • 学员教案、课件展示 • 教学实验、研讨	24	N34
	3.5 职业教育心理学培训模块	3.5.1 职业教育学习理论 3.5.2 职业教育的教学理论 3.5.3 基于学习理论和教学理论的专业课教学设计	• 专家讲座 • 观摩研讨 • 小组学习	16	N35
专业类	3.6 职业发展与劳动组织分析培训模块	3.6.1 世界四大职业教育模式介绍与启示 3.6.2 职业分析法介绍及应用 3.6.3 国外金融业岗位发展介绍 3.6.4 我国银行从业资格、证券从业资格、期货从业资格等金融从业资格介绍 3.6.5 我国金融业国际化未来发展可能带来的新岗位与规模预测	• 专家讲座 • 专家与学员研讨 • 小组学习 • 实践模拟	16	N36
	3.7 系列专业“四新”讲座培训模块	3.7.1 金融混业化与业务交叉 3.7.2 资产证券化与金融工程 3.7.3 金融全球化与金融战争 3.7.4 金融虚拟化与泡沫化 3.7.5 金融杠杆化与放大风险 3.7.6 我国证券股指期货业务介绍 3.7.7 融资融券业务与操作	• 专家讲座 • 小组学习 • 模拟操作	36	N37
	3.8 系列专业核心课程（含技能）培训模块	3.8.1 银行个人投资理财业务与服务 3.8.1.1 理财顾问服务岗位分析 3.8.1.2 财务分析 3.8.1.3 制定理财策划书 3.8.1.4 推介投资产品 3.8.1.5 管理理财风险 3.8.1.6 监督理财规划的执行 3.8.1.7 综合理财服务	• 教授讲座 • 实际模拟训练 • 小组学习 • 角色扮演法演练 • 模拟实训室实际操作	120	N38 M311
		3.8.2 证券咨询业务 3.8.2.1 证券从业人员职业道德与执业规范 3.8.2.2 咨询从业人员专业知识与技能 3.8.2.3 证券行情与交易分析系统的操作与模拟交易 3.8.2.4 宏观经济分析 3.8.2.5 行业分析基础 3.8.2.6 技术分析 3.8.2.7 公司分析	• 国内外证券、期货业务资深专家/业务部门负责人讲座 • 专题讲座＋讨论＋软件仿真实践		
	3.9 企业实践培训模块	3.9.1 参观银行个人理财部并模拟岗位操作 3.9.2 参观证券交易所 3.9.3 参观证券公司并模拟岗位操作	• 观摩/软件操作 • 参观金融企业核心岗位流程 • 与岗位骨干座谈 • 和金融企业员工一起培训	30	N39 M321

五、培训内容与形式

（一）教育类

模块 1　职业道德培训

模块 2　职业教育教学与金融事务专业教学

模块 3　职业教育心理学培训模块

模块 4　现代教育技术应用培训模块

模块 5　专业教学法培训

（二）专业类

模块 6　职业发展与劳动组织分析

模块 7　金融事务专业新理论、新知识、新技术、新方法

模块 8　系列专业核心课程（含技能）

模块 9　企业实践培训模块

根据教师的能力标准和培训目标要求，内容以上岗教师角色适应为主，培训主要侧重于受训教师应用和执行能力，培养基本的教学和实践操作技能。重点内容是：

教育类：①职业教育政策、法规，职业道德；②职业教育学原理、教学实践；③教育心理学应用；④金融事务专业基本教学方法。

专业类：①金融事务专业岗位分析教师能力要求；②金融业发展的新知识、新技能、新理论、新方法的介绍；③金融事务典型岗位实践技能；④企业岗位实践。

总体包括两大类 9 个模块，培训模式采用培训基地加金融企业实践形式，培训时间为 10 周 48 天左右，总培训课时 378 课时。其中，教育类约占 38.62%，专业实训实践类占 61.38%。

金融事务专业教师提高层级阶段的培训内容针对的是教师成长期，是教师上岗阶段的继续与发展。培训主要侧重于受训教师的思考和分析能力、教学的反思能力，培养教师熟练的教学和实践操作技能。重点内容是：

教育类：①职业教育政策、法规，职业道德；②教育改革与发展趋势，职业教育学原理、教学设计；③教育心理学应用，学生心理学；④金融事务专业各种教学方法。

专业类：①金融事务专业岗位分析；②金融业发展的新知识、新技能、新理论、新方法的介绍与应用；③金融事务发展岗位实践技能。

以上提高教师内容包括教育和专业两大类 9 个模块，培训模式采用培训基地加金融企业实践形式，培训时间为 8 周 40 天左右，总培训课时 320 课时。其中教育类约占 35%，专业实训实践类站 65%。

培训主要侧重于受训教师教学研究和创新能力，培养他们高级别岗位实践操作技能，使金融事务专业教师迅速成熟，成为“双师型”的骨干教师。重点内容是：

教育类：①职业教育政策、法规，职业道德；②教育改革与发展趋势、职业教育学与教学的结合、教学设计；③教育心理学在专业教学中的应用研究；④金融事务专业教学方法研究与创新；⑤指导或培训中青年教师提高教学效果和教学研究的能力。

专业类：①金融事务专业岗位、专业建设；②金融业发展的新知识、新技能、新理论、新方法应用；③金融事务专业发展中岗位实践技能。

以上骨干教师培训内容包括教育和专业两大类9个模块，培训模式采用国家级培训基地加金融企业实践形式，培训时间为8周40天左右，总培训课时320课时。其中，教育类约占36.88%，专业实训实践类站63.12%。

六、培训体系框架

中等职业学校金融事务专业教师培训体系的整体框架见表2-4。

表2-4　　中等职业学校金融事务专业教师培训体系框架

培训类型	上岗层级专业教师培训	提高层级专业培训	骨干层级专业教师培训
培训对象	新上岗教师	本专业的合格教师	本专业带头人或教学骨干
培训目标	上岗层级教师教学能力要求	提高层级教师教学能力要求	骨干层级教师教学能力要求
金融事务专业教学能力标准要求的内容	第N11~N15模块	第N21~N25模块	第N31~N35模块
金融事务专业实践能力标准的内容	第M111~M121模块	第M211~M221模块	第M311~M321模块
培训模式/方式（可选择）	预设式、综合性、课程式、集中式为主（基地培训、校本培训）	应答式、单项性、课程式、分散/集中参半式为主（基地培训、校本培训）	预设式、综合性、研讨式、集中式为主（基地培训）

七、培训效果考核

（一）理论知识与方法考核

对于教育类培训包括职业道德、职业教育心理学、现代教育技术、专业教学法等内容，采用理论知识闭卷考试；主题发言、专家打分；听课笔记展示、小论文、培训心得；理论、技术应用于教学实践的教案等考核形式。考核要体现理论知识转化为实践的能力。等级可分为：优秀（85～100分）、良好（75～85分）、合格（60～74分）、不合格（60分以下）几个等级。

（二）金融事务专业实践技能考核

根据业务案例提出考核任务，模拟实训软件操作，按完成任务情况，老师打分；制订金融事务专业教师职业生涯规划方案（上岗层级和提高层级教师）；布置考核任务，分小组完成，根据角色综合表现、完成任务结果打分；撰写实训报告。具体可根据培训内容结合表现选择相应的考核方式。等级可分为：优秀（85～100分）、良好（75～85分）、合格（60～74分）、不合格（60分以下）几个等级。

（三）金融企业实践活动考核

根据企业实践活动的安排，分企业观摩考察和金融企业岗位实训两个环节，要求学员撰写企业观摩考察报告、岗位实习实训报告，根据报告质量和学员综合表现给出成绩。等级可分为：优秀（85～100分）、良好（75～85分）、合格（60～74分）、不合格（60分以下）几个等级。

（四）教案与试讲

上岗教师：每个受训老师设计不少于2节课的公开课教案、课件，进行试讲，集体评课；二次修改教案，小组讨论。

提高层级教师：每个受训老师设计不少于3节课的公开课教案、说课稿、课件，要求具体的教学法体现在教案设计文本上，上台授课实践。集体讨论评价，专家简评。

骨干教师：每个受训老师设计不少于4节课的基于行为导向教学法应用的教案，并附说课稿、说课课件，开一次示范课。要求有教案设计思路、过程、教学法选用的依据。集体讨论评价，专家给出评价考核意见。各层级等级可分为：优秀（85～100分）、良好（75～85分）、合格（60～74分）、不合格（60分以下）几个等级。

（五）教学研究论文

上岗教学主要以撰写心得体会、实训报告、典型岗位工作程序与教学组织等为内容；提高层级教师教学研究论文以教材选择、教学设计、教学法应用为主要内容；骨干教师以教材开发选题、进行开发教材实验，专业建设、教学指导等方面为内容。论文以评奖的形式考核：等级可分为：优秀（85～100分）、良好（75～85分）、合格（60～74分）、不合格（60分以下）几个等级。并选择优秀论文进行汇编。

（六）平时作业与出勤

培训班实行专职班主任负责制，授课老师和班主任严格考核出勤。结业时要进行听课笔记和作业展示检查、出勤公示。低于90%课时出勤率不能结业；低于95%出勤率不得考核为优秀。

综合以上六个方面的考核，合格受训教师分别颁发“金融事务专业教师培训合格证书三级”（上岗教师）、“金融事务专业教师培训合格证书二级”（提高层级教师）、“金融事务专业教师培训证书一级”（骨干教师）。刚进入职业学校的金融事务专业教师（包括转岗教师）取得“金融事务专业教师培训合格证书三级”才能进入金融事务专业教师序列。只有取得低一级师资培训证书的教师才有资格申请参加高一级职教师资培训。

八、培训方法

模拟商业银行工作环境，引入虚拟实验技术：如模拟银行环境，商业银行业务模拟软件；模拟证券交易环境，进行仿真教学；进行商业银行、证券公司、保险公司等岗位实践教学；应用行动导向教学思想：运用案例教学法、情境模拟与角色扮演法、小组合作学习法、项目教学法等进行教学。教师组织学员以小组合作的方式，深入开展课题研讨，有组织地进入企业，开展教学实践。

九、培训的组织管理和培训模式

（一）建立各层级教师培训基地，成立领导小组

建立各层级教师培训基地，成立培训领导小组，负责该层级金融事务专业的培训工作。培训工作在教育部门下属的各级培训基地的领导下开展工作。为了保证培训工作的顺利完成和培训的高质量，本着“精心组织、严格管理、讲求效率、保证质量”的原则，组建培训组织机构、重点建立负责实施教学的培训教育专家、金融行业专家、业务骨干等培训教师人才库；监控培训质量，使培训工作管理有序、服务到位，保证质量，以达到培训的目的。

（二）培训模式

1. 上岗层级专业教师培训

上岗层级专业教师的培训采用基地培训（市级或省级）与校本培训相结合的培训方式，以集中式培训由基地承担。方式可采用专题讲座、综合性课程、小组合作学习、小组研究性学习、岗位实践等方式。

上岗层级专业教师在完成基地集中培训后，获得“金融事务专业教师培训合格证书”。回到学校，由学校经验丰富的老教师与新教师“结对子”，以老带新。包括从教案设计、授课到实训，对新教师进行全面的指导，时间为1~3年，完成上岗后续培训，使上岗教师完全胜任教学岗位的工作。

2. 提高层级专业教师

提高层级专业教师的采用分散式校本培训与集中式基地培训参半比例的模式进行培训，集中培训的任务由省一级培训基地承担。方式可采用单项性课程、小组合作学习、小组研究性学习、岗位实践等方式。

3. 骨干层级专业教师

由于金融业的特殊性，虽然全国开设金融事务专业的学校已经超百所，大部分财经类专业也针对社会需要与自身条件开设了一些金融事务专业课程，但从开设金融事务专业的学校分布来看，是不均衡的。东部和沿海经济发达地区由于金融业发展迅速，人才需求旺盛，开设金融事务专业的学校多，从事金融事务专业教学的教师数量大，培训需求大；中西部地区从事该专业教学的教师少，培训需求少。目前全国只有针对金融事务专业教师的学历提升教育，如厦门大学经济学院金融系承担的中职金融学硕士研究生教育，并没有关于金融事务专业的国家级骨干教师短期培训课程。与其他商贸财经、管理类专业相比，金融事务专业有明显的地域特征，教师总体规模小、分散，所以从可行性、效益性分析，由国家与省级培训基地共同承担培训任务集中式为主。方式可采用专题讲座、课题研讨、教学实例观摩、小组合作学习等形式。金融事务专业国家级骨干教师的培训可从骨干教师中选择一定的比例进入国家级培训基地进行培训，培训内容在骨干教师培训内容基础上着重就专业建设、行业发展等方面进行培训。培养一批业务素质、教学科研能力强，能够引领专业发展的专家型教师。

（三）专职班级负责人管理

培训班设专职班主任负责管理受训教师的学习、日常生活管理，及时了解授课老师的讲学情况，学生的培训情况，加强学员与老师之间的沟通和协调交流，以利于提高培训效果。班级建立通讯录，对培训效果进行跟踪。

参考文献

［1］王雪：《现代培训理论》，中共中央党校出版社，2004 年版。

［2］陈李翔：《能力·课程·资格》，中国劳动社会保障出版社，2008 年版。

［3］马建富：《职业教育学》，华东师大出版社，2008 年版。

［4］石伟平、徐国庆："以就业为导向的中等职业教育教学改革理论探索"，《中国职业技术教育》，2008 年第 11 期。

金融事务专业教师培训质量评价指标体系

一、制订培训质量评价指标体系的目的

（1）促进实施中等职业学校金融事务专业教师培训工作的高等院校加强教学建设和规范管理，避免培训管理和培训教学的随意性，增加培训的积极性和责任感。

（2）提高对中等职业学校金融事务专业教师的培训质量，造就一大批专业理论水平高、实践能力强、在教育教学工作中起骨干示范作用的“双师型”优秀教师和高水平的职业教育专家，为中等职业学校金融事务教育的发展提供人才保障。

二、制订培训质量评价指标体系的指导思想

承担中等职业学校金融事务专业教师培训工作的高等院校，应以“服务于中等职业学校金融事务专业教师为宗旨，以提高中等职业学校金融事务专业教师专业实践能力及教学能力为导向”为要求，坚持自身加强教学基本建设和规范管理的方针，形成自我约束、自我发展的机制，切实保证中等职业学校金融事务专业教师培训的质量。

三、制订培训质量评价指标体系的依据

根据教育部对培训包项目的总体要求与项目开发目标，在前期调研成果的基础上，结合已完成的《中等职业学校金融事务专业教师的教学能力标准》、《中等职业学校金融事务专业教师的培训方案》以及相应的培训教材和专业教学法教材，制定中等职业学校金融事务专业教师培训质量评价指标体系。

四、制订培训质量评价指标体系的原则

（1）客观性原则：客观地对培训质量进行评价。

（2）科学性原则：设置的指标要合理、全面。

（3）可操作性原则：指标的评定要易于操作。

（4）多层次原则：包括一般评价、重点评价和特色评价。

（5）多角度原则：包括培训基地自评、企业评价、学员评价和专家评价。

五、培训质量评价指标体系的适用对象

所开发的中等职业学校金融事务专业教师培训质量评价指标体系，适用于评价承担中等职业学校金融事务专业教师培训工作的高等院校在完成培训工作时所达到的质量水平。本指标体系按统一标准对高等院校培训中职学校金融事务专业上岗教师、提高教师和骨干教师的质量水平进行评价和检验。

六、培训质量评价指标体系的内涵

中等职业学校金融事务专业教师培训质量评价是对每次专业教师培训项目的培训质量进行的评价，它不单纯是对培训机构、培训内容或培训教师的评价，而是一个以培训质量为中心的综合性评价。鉴于此，所开发的中等职业学校金融事务专业教师培训质量评价指标体系由培训方案、培训条件、培训管理、培训效果四个一级指标及其所包含的二级指标构成，具体解释如下：

（1）培训方案：在总的分数值中占 30 分。下属 6 个二级指标，即培训需求的调研情况；与教师专业能力标准的关系；培训目标定位的准确性；培训模式和方法的先进性和实用性；培训内容与培训目标的吻合度、考核内容与方法的科学性。

（2）培训条件：在总的分数值中占 30 分。下属 4 个二级指标，即培训师资的素质和结

构；校内教学设施；实习实训条件；生活保障及服务设施。

（3）培训管理：在总的分数值中占10分。下属7个二级指标，即管理队伍的专业化程度；培训管理制度的完善与落实情况；培训方案的执行情况；培训质量的监控情况；培训工作的计划与总结；培训档案的管理；培训反馈制度。

（4）培训效果：在总的分数值中占30分。下属7个二级指标。即考试成绩的及格率与分布情况；学员的作业情况；企业评价；学员自我评价；培训管理评价；学员满意度；选送单位满意度。

七、培训质量评价指标体系的计算

在充分界定二级评价指标内涵的基础上突出评价的要点，按照优劣顺序分A、B、C、D四个等级。A级为85～100分；B级为70～85分；C级为60～70分；D级为60分以下。评价指标权重根据评价指标对培训质量影响的重要程度确定，权重与评价等级的分数相乘即为各个指标的评价得分。四个一级指标得分总和，或所有二级指标得分总和，不能大于100分。

八、培训质量评价的结论及标准

评价结论分为优秀（85分以上）、良好（70分以上）、合格（60分以上）、不合格（60分以下）四种。优秀者同时要有20个二级指标以上获得A，而且不能有D；良好者同时要有20个指标获得A或B，良好者及合格者的二级指标为D者不得多于4个。

九、中等职业学校金融事务专业教师培训质量评价表

培训质量评价表包括一级指标、二级指标、评价重点内容、评价标准、评价方法、评价等级、权重及得分等栏目。具体见表3-1。

表 3－1　　金融事务专业教师上岗（提高、骨干）培训质量评价表

一级指标	二级指标	评价重点内容	评价标准		评价方法	评价等级	权重	得分
			A	C				
1. 培训方案（30%）	1.1 培训需求调研	调研计划、调研范围、调研报告、调研成果、成果运用	有详细的调研报告，包括培训需求现状及未来分析，资料完整，调研结论充分利用，能根据调研分析调整教学内容、方式、方法等，有创新，效果好	对培训内容能征求学员意见并采用，能制订和执行基本的培训方案	查资料 开座谈会 专家评定		10%	
	1.2 与教师专业能力标准关系	关系的紧密程度与对应性，包括对教师实践能力和教学能力的培养	有全面、客观的教师能力标准，培训方案与专业能力标准内容紧密对应	培训方案与专业能力标准有一定的对应	查资料 开座谈会 专家评定		40%	
	1.3 培训目标定位准确性	培训目标是否符合金融事务职业教育的特点，是否符合实际的金融职业和职业规章，能否培养教师的技能	设置总目标和具体目标，目标定位准确，有不同层次的培养方案	能根据每期培训任务要求，制订相应的培训方案，目标定位基本合理	查资料 开座谈会 专家评定		10%	
	1.4 培训模式和方法的先进性和实用性	培训模式和培训方法，是否校企专家联合教学，教学方法是否先进	先进、实用，可行性强，有校企专家联合教学，教学方法丰富，能满足实训需要	培训模式和方法基本符合培训内容所需，教学方法较单一	查资料 开座谈会 专家评定		20%	
	1.5 培训内容与培训目标的吻合度	是否围绕目标进行培训，是否针对每期培训的对象和内容进行设计	完全吻合，能针对受训对象进行设计和科学准备	基本吻合，有一定的针对性	查资料 开座谈会 专家评定		10%	
	1.6 考核内容与方法的科学性	考核内容是否符合培训目标，考核内容的难易程度，考核方法的种类	考核内容具体，能覆盖培训内容，难度适中，考核方式客观、多样	考核内容不够全面，考核方式较单一	查资料 开座谈会 专家评定		10%	

续表

一级指标	二级指标	评价重点内容	评价标准		评价方法	评价等级	权重	得分
			A	C				
2. 培训条件（30%）	2.1 培训师资素质与构成	教师的品德、学历、教学经验、科研经验、实践经验，双师型教师的比例，年龄分布	高素质的师资队伍，80%以上具备高级职称，来自实践部门的教师不少于30%，能有效运用现代信息技术进行模拟教学	中高级职称教师占到60%以上，来自实践部门教师不少于15%，能运用多媒体进行辅助教学	查资料		40%	
	2.2 校内教学设施和实习实训条件	教学楼、会议室、投影设施、工场、实验室、图书馆等	有完备的教学设施，设备完好，能按照培训要求进行实验，实验率不低于90%，图书资料充足	基本的教学设施和实训条件，能满足一般的培训需要	实地查看		30%	
	2.3 生活保障及服务设施	住宿、餐饮条件，包括食堂、宿舍管理，是否安全、卫生	有完备的生活保障及服务设施，安全、卫生，受训学员满意度高	能保证受训学员基本的食宿需要，受训学员较满意	实地查看		10%	
	2.4 校外实习实训企业	实训协议、实训企业实力、实训历史情况	有稳定的实训基地、完整的实训协议、良好的实训关系，能满足多层次、多方面的实习实训需要	较稳定的实习基地，签有实训协议，能基本满足实习实训要求	查资料、实地查看		20%	
3. 培训管理（10%）	3.1 管理队伍专业化程度	管理队伍的专业情况和学历状况，管理人员的教务工作经验	专业性强、有丰富的管理经验，符合岗位任务资格，分工明确	管理队伍结构基本合理，有一定的管理能力	查资料 专家评定		20%	
	3.2 培训管理制度	管理制度是否完善，落实情况如何	培训管理制度健全，有明确的岗位职责，相关文件齐全，规章制度能够严格落实	管理制度基本健全，岗位职责较明确，人员构成相对稳定	查资料 专家评定		10%	
	3.3 培训方案执行情况	培训方案执行过程的记录情况，与培训计划的吻合度	有完整的培训方案实施过程记录，进度与计划一致，每个培训方案都实施总结	能记录培训方案实施过程，进度与计划较一致	查资料 专家评定		20%	

续表

一级指标	二级指标	评价重点内容	评价标准		评价方法	评价等级	权重	得分
			A	C				
3. 培训管理（10%）	3.4 培训质量监控	听课制度，考勤制度，学生评分记录等	建立培训质量监控制度，有严格的听课制度和考试制度，有详细的考勤记录，有学员对授课教师的打分记录	培训质量监控制度基本健全，执行较为规范，有相应的文档记录	查资料 专家评定		20%	
	3.5 培训工作计划与总结	培训工作计划的可行性和明晰性，总结报告的详实情况	工作计划完整明确、切实可行，工作总结客观、深入	工作计划和工作总结较笼统	查资料 专家评定		10%	
	3.6 培训档案管理	档案管理人员的资质、档案管理的水平、档案的完整程度	档案齐全、合理分类、妥善安全保管，有严格的培训档案查看制度	档案资料较齐全，档案管理基本规范	查资料 专家评定		10%	
	3.7 培训反馈制度	反馈制度、反馈资料、反馈的落实情况	反馈制度完善，反馈资料包括学员的意见和建议、委托单位对学员回单位后的评价、实训企业的反馈等，反馈渠道畅通，能及时改进	培训后能征求学员、委托单位、实训企业对培训的意见，并能进行改进	查资料 专家评定		10%	
4. 培训效果（30%）	4.1 考核成绩合格率与分布情况	成绩合格率与分布情况	合格率95%以上，成绩呈正态分布，均值合理	合格率80%以上，成绩分布较合理	查资料		20%	
	4.2 作业或作品情况	作业的完成率；作业的内容；作业的批改率	作业完成率在95%以上，批改率80%以上，作业内容精辟	作业完成率70%以上，批改率50%以上，作业内容较合理	查资料		10%	
	4.3 企业评价	企业评价调查表、企业实习实训鉴定	企业评价很高，分值在90分以上	企业评价一般	查资料 问卷调查		10%	
	4.4 学员自我评价	自我评级调查表、学员培训总结	80%以上的学员评价很高，认为通过培训达到相应的要求	学员评价一般，60%以上学员认为通过培训达到相应的要求	查资料 问卷调查		10%	

续表

一级指标	二级指标	评价重点内容	评价标准		评价方法	评价等级	权重	得分
			A	C				
4. 培训效果（30%）	4.5 培训管理评价	培训管理评价调查表	80%以上学员对培训管理评价很高	60%以上学员队培训管理评价一般	查资料 问卷调查		10%	
	4.6 学员满意度	学员满意度调查表	80%以上的学员对培训内容、实习实训情况、生活学习条件满意度很高	60%以上学员对培训内容、实习实训情况、生活学习条件感到基本满意	查资料 问卷调查		20%	
	4.7 选送单位满意度	选送单位满意度调查表	80%以上的选送单位感到满意，认为学员培训后能力得到很大提高	60%以上的选送到位感到基本满意，认为学员能将所学加以应用	查资料 问卷调查		20%	